平成臨終図巻

長尾和宏

ブックマン社

はじめに

私は、昭和59年に東京医科大学を卒業しました。キャンパスは東新宿、新宿2丁目の向かいにあります。新宿駅から大学への通学路の真ん中付近に、寄席の末廣亭《すえひろてい》がありました。ある朝、そこを通って登校しているとたくさんのパトカーが並んで人だかりができていました。何事かと思いきや、ある大人物が路地の奥にある風俗店で突然死したとのこと。その日の夕刊で、亡くなられた人が宮内庁の現役の要職にある方と知り、驚きました。コトがコトだけにさすがに小さな記事でしたが。「まさか、この場所で」と思ったのは亡くなられた当人だったでしょう。しかし私はその方の最期を誇らしく、少し羨ましくも思いました。とても人間味を感じたからです。どうせ死ぬなら自分が一番心地いい場所で果てたい。誰でもそう思うでしょう。私もそう思います。その方は、はからずもそれが実現してしまったのかなあと感じました。

さて、東京医大の1万人を超える卒業生には数々の世界的権威もおられます。しかし一風変わった有名人といえば、山田風太郎（大正11年～平成13年）先輩だと思います。山田風太郎さんは医師でしたが小説家として一世風靡されました。大ファンでした。なかでも『あと千回の晩飯』や『人間臨終図巻』は貪るように読みました。「病気だけ診るのではなく、人間をまるごと見てこそ本物の医者」だという信念を私が持ったのには、山田風太郎さんの影響も少なからずあったと思います。ですから、夕刊フジさんから、「亡くなった有名人について、その人の病気の解説とともに生き方、逝き方を毎週連載コラムとして書いてくれないか」とオファーを頂いたときに、山田風太郎さんにあやかって、「ニッポン臨終図巻」というタイトルにしてもらえるのなら、とお願いをしたのです。それからというもの、今まであまり読まなかった芸能記事や訃報記事を、一生懸命読むようになりました。

本書は、その連載を加筆修正し、一冊にまとめたものです。この原稿を書くにあたり、私もたくさんの学びを得ました。この本で取り上げた数々の著名人は皆、強く、美しく生きた人たちで、そういう人は最期までやはり、強くて、美しい。すごい人生やな、と原稿を書きながら泣きそうになったことも何度もあります。

山田風太郎先輩にあやかって、『平成臨終図巻』というタイトルと致しましたが、一冊を読み終えれば、「平成生き方図巻」として生命が燃えゆく、強いエネルギーを感じることでしょう。

時代とともに、「死に方」は変わります。しかし、永久不変の命の煌めきがあります。星になった94人の遺したメッセージは、平成が終わり、令和になっても、消えません。

これを読んでいるあなた、無事、平成を生き延びることができておめでとうございます。私もあなたも、「令和臨終図巻」に載る同志として、今日を生きましょう。

はじめに …… 2
エイジ 22歳、溺死 …… 8
中尾翔太 22歳、胃がん …… 10
山下弘子 25歳、肝がん …… 12
黒木奈々 32歳、胃がん …… 14
小林麻央 34歳、乳がん …… 16
川越美和 35歳、死因不明 …… 18
いときん 38歳、がん性心膜炎 …… 20
渡部えりか 39歳、胃がん …… 22
山本KID徳郁 41歳、胃がん …… 24
森 慎二 42歳、多臓器不全 …… 26
竹田圭吾 51歳、膵臓がん …… 28
大野 誠 51歳、心不全 …… 30
有賀さつき 52歳、死因不明 …… 32
さくらももこ 53歳、乳がん …… 34
平尾誠二 53歳、胆管細胞がん …… 36
服部信明 57歳、脳出血 …… 38
浜尾朱美 57歳、乳がん …… 40
勝谷誠彦 57歳、肝不全 …… 42
コラム 臨終Q&A
小林麻央さんのことを思い出すたびに胸が苦しくなります。 …… 44
西村元一 58歳、胃がん …… 46
桑名正博 59歳、呼吸不全 …… 48
千代の富士貢 61歳、膵臓がん …… 50
板井圭介 62歳、死因不明 …… 52

西城秀樹　63歳、急性心不全……54
角替和枝　64歳、原発不明がん……56
佐山雅弘　64歳、胃がん……58
森田童子　65歳、死因不明……60
大杉 漣　66歳、急性心不全……62
立川左談次　67歳、食道がん……64
阿藤 快　69歳、胸部大動脈瘤破裂……66
根津甚八　69歳、肺炎……68
中嶋しゅう　69歳、急性大動脈解離……70
田中雅博　70歳、膵臓がん……72
輪島大士　70歳、下咽頭がん……74
橋本 治　70歳、肺炎……76
星野仙一　70歳、膵臓がん……78
武藤まき子　71歳、虚血性心不全……80
コラム　臨終Q&A
余命宣告をしなかったら罪ですか？……82
岡留安則　71歳、肺がん……84
緒形 拳　71歳、肝がん……86
衣笠祥雄　71歳、大腸がん……88
渡瀬恒彦　72歳、胆のうがん……90
はしだのりひこ　72歳、パーキンソン病……92
成田 賢　73歳、肺炎……94
関原健夫　73歳、心不全……96
岸井成格　73歳、肺腺がん……98
日高晤郎　74歳、脂肪肉腫……100
星 由里子　74歳、心房細動と肺がん……102
松方弘樹　74歳、悪性リンパ腫……104
樹木希林　75歳、乳がん……106

マサ斎藤　75歳、パーキンソン病……108
真屋順子　75歳、全身衰弱……110
園田博之　76歳、肺炎……112
井上堯之　77歳、敗血症……114
かまやつひろし　78歳、膵臓がん……116
愛田　武　78歳、死因不明……118
コラム　臨終Q＆A
誤嚥してもいいから食べさせたいと主治医に言ったら怒られました。……122
津川雅彦　78歳、心不全……122
与謝野　馨　78歳、肺炎……124
西部　邁　78歳、自死……126
長野祐也　78歳、膵臓がん……128
内田裕也　79歳、肺炎……130
平尾昌晃　79歳、肺炎……132
月亭可朝　80歳、急性肺線維症……134
加藤　剛　80歳、胆のうがん……136
砂川啓介　80歳、尿管がん……138
左とん平　80歳、心不全……140
安崎　暁　81歳、胆のうがん……142
菅原文太　81歳、膀胱がん……144
石　弘光　81歳、膵臓がん……146
野際陽子　81歳、肺腺がん……148
夏木陽介　81歳、腎がん……150
桂　歌丸　81歳、慢性閉塞性肺疾患……152
羽田　孜　82歳、老衰……154
大橋巨泉　82歳、急性呼吸不全……156

コラム　臨終Q&A
変な在宅医の見分け方を教えてください。……158
朝丘雪路　82歳、認知症……160
平　幹二朗　82歳、死因不明……162
市原悦子　82歳、心不全……164
内田康夫　83歳、敗血症……166
ペギー葉山　83歳、肺炎……168
堺屋太一　83歳、多臓器不全……170
高倉　健　83歳、悪性リンパ腫……172
篠沢秀夫　84歳、ALS……174
浅利慶太　85歳、悪性リンパ腫……176
野村沙知代　85歳、虚血性心不全……178
日下武史　86歳、誤嚥性肺炎……180
穂積隆信　87歳、胆のうがん……182
三遊亭圓歌　88歳、腸閉塞……184
京　唄子　89歳、肺炎……186
兼高かおる　90歳、心不全……188
菅井きん　92歳、心不全……190
笑福亭松之助　93歳、老衰……192
吉本晴彦　93歳、老衰……194
コラム　臨終Q&A
死因を「老衰」と書けるのはどんなとき？……196
梅原　猛　93歳、肺炎……198
早川一光　94歳、多発性骨髄腫……200
ドナルド・キーン　96歳、心不全……202
日野原重明　105歳、呼吸不全……204
おわりに……206

「ユーチューバー」の人気者突然の訃報

エイジさん 22歳、溺死

「大きくなったらYoutuberになる！」

おばあちゃんにそう宣言している男の子を見かけました。時代は変わった。聞いたこともない職業がいつのまにか世の中の最先端にあると感じるこの頃です。きっとこの少年も憧れていたであろう大人気Youtuberユニット、アバンティーズ。そのメンバーの一人であるエイジさんの訃報が２０１９年お正月のTwitterにあふれていました。

所属事務所の発表によれば、1月1日、休暇中に訪れたサイパンで高波にさらわれて死亡。22歳でした。救出後、懸命な救命措置が行われたものの、搬送先の病院で息を引き取ったとのことです。

その場に一緒にいた同じくYoutuberの友人は「目の前で沈んでいるえいちゃんを、自分の力では水の外に出してあげられませんでした」と悲痛なコメントを発表しています。目の前で友を亡くすことが、どれほど辛いことか……でも、決して自分を責めないでほしいです。水

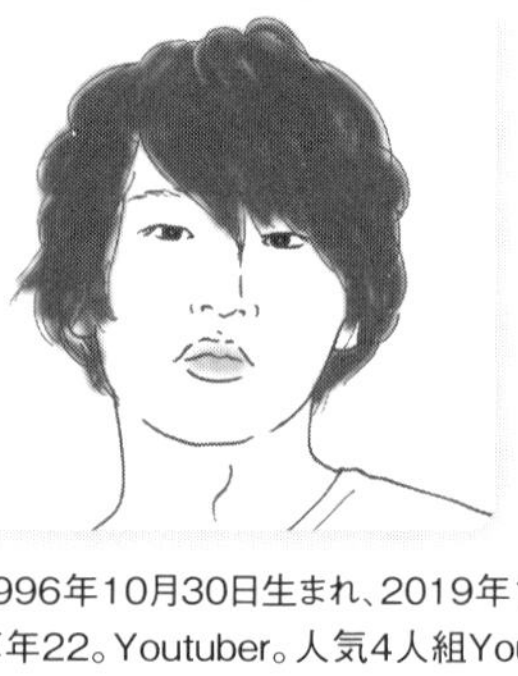

1996年10月30日生まれ、2019年1月1日没、享年22。Youtuber。人気4人組Youtuberユニット、アバンティーズのメンバー。中学生の頃から体当たり投稿を開始していた。

低酸素血症
血液中の酸素が不足した状態のこと。呼吸困難、意識障害などを引き起こす。溺れた人の呼吸が保たれている場合は、保温と嘔吐に注意し病院へ運ぶ。そうでない場合は、すぐに心肺蘇生を。

難事故に遭った人を助けるのは、その道のプロであっても難しいものです。

私もこの原稿を書きながら、溺れて亡くなった何人かの友人の顔を思い出しています。どの人も泳ぎが下手な人ではありませんでした。むしろ得意な人のほうが水を怖がらない分、危険な目に遭いやすいのかもしれません。

改めて、溺れるとはどういうことかを説明しておきましょう。

映画などでは、溺れている人はバシャバシャと水中で暴れるように描かれますが、実際はそうでない場合の方が多いです。息をするのが精一杯なので声が出ません。手を振り上げることも困難です。一緒に泳いでいても気づかないことがあるのはこのためです。

大量の水が鼻や口から入ることで気道が塞がれ、肺の機能が奪われて低酸素血症を起こします。咽頭がけいれんを起こすこともあります。酸素欠乏状態から急激に体温が下がり、中枢神経障害を引き起こし、かつ、意識が低下し、心肺停止に至ります。

警察庁の発表では国内で海や川、湖での死者行方不明者は年々減り続け、2017年は654人となっています。しかし、日本人が一番溺死している場所は、実は自宅のお風呂場です。年間4千人以上が風呂で水死しており、その多くが冬場の温度差による血圧の変化（ヒートショック）によるものです。人間は、水なしでは生きていけませんが、水を恐れて生きることも忘れてはなりません。

アバンティーズの4人は、幼稚園から中学校までずっと同級生で、中学時代から動画を作っていたとか。そして彼らのキャッチコピーは、「笑顔の発電所」だそう。

今回の原稿を書くにあたり、Youtuberという仕事の素晴らしさを理解しました。動画のなかのエイジさんの笑顔は永遠です。

ダンスの神に愛された若きパフォーマー

中《なか》尾《お》翔《しょう》太《た》さん　22歳、胃がん

1996年4月23日生まれ、2018年7月6日没、享年22。FANTASTICSメンバー。抜群のダンススキルと奇抜なファッションで知られ、その存在感と実力には定評があった。

ＡＹＡ（アヤ）世代という言葉をご存じでしょうか？　Adolescent and Young Adultの略で、15～30歳あたりの世代を指します。

我が国では、毎年5千人ほどのＡＹＡ世代ががんになっています。人生において大きな変化のあるこの世代。高齢者のがんとは分けて考えるべき社会的課題が多くあるのではないかと感じます。

私は抗がん剤治療をはじめ、多くの薬の「やめどき」を提唱する医者ですが、それはあくまで主に高齢者に向けてのお話です。ＡＹＡ世代のがんは、発見されたときにはかなり進行しているケースが多く、また高齢者のがんに比べて進行スピードも早いのです。

私の患者さんでも、やめどきを考える時間もないまま旅立たれた若者が何人かいました。

しかし若い分、がんと闘う気力も体力も高齢者とは桁違いにあり、奇跡を起こせる確率が高いのも事実。「諦めないで」という言葉を、ＡＹＡ世代の人にこそ伝えていきたいです。

鳥肌胃炎

胃の内視鏡検査で、胃の粘膜に鳥肌のようなブツブツが見られる状態。ピロリ菌が原因とされており、鳥肌胃炎がある人は胃がんになりやすい。20代〜30代の若い人に多く見られる。

EXILE系列の、9人の若きダンスグループFANTASTICSの中尾翔太さんは、2018年7月6日に亡くなりました。22歳、胃がんでした。2千人以上を看取ってきた私ですが、若い人の訃報に慣れることはなく、しばし言葉を失います。

中尾さんが体調不良を訴えたのは、2017年末。そして翌年の3月、活動休止を発表します。それからわずか4ヵ月……詳しい報道はされていませんが、スキルス胃がんだったのではと想像します。

胃がんの約1割がスキルス胃がんです。スキルスは「硬い」という意味。がんの塊ができるのではなく、胃袋を貫くように増殖していくのが特徴です。また胃粘膜の下を這うように浸潤《しんじゅん》していくため、胃が硬くなります。通常の胃がんと同じく胃が痛い、食欲が落ちた、痩せた、胸やけがするという人は、ためらわずに専門医による検査を受けてください。

また、内視鏡検査で**鳥肌胃炎**と診断された人は、胃がんリスクが高いことがわかっています。ぜひピロリ菌の除菌治療を受けてください。

中尾さんもがんが見つかったときには、かなり進行した状態だったと想像しますが、彼は決して諦めませんでした。最後のブログ更新は4月27日。「これからもくじけずに必ず勝ちます。完全復活待っていてください」と前向きな言葉で締められています。

7月14日の野外音楽イベントで、FANTASTICSは中尾さんの死後、初のステージに立ちました。

「皆さんの目に見えるのは8人かもしれないが、9人と感じてもらえるように、翔太の魂や気合……しっかり見せていきたい」とリーダーの世界さんが宣言。中尾さんの魂は仲間とともにステージに再び上がったのです。これも一つの、復活の形ではないでしょうか。

10代で余命宣告を受けるも全力で生き抜いた

山下弘子《やましたひろこ》さん　25歳、肝がん

1992年10月29日生まれ、2018年3月25日没、享年25。19歳のときに末期の肝がんが見つかるも25歳まで全力で生き抜き、ブログなどの発信で人々に勇気を与え続けた。

嵐の櫻井翔さんと一緒にがんサバイバーとしてがん保険のＣＭに登場し、講演会なども精力的に行っていた山下弘子さん。太陽に向かって咲く向日葵のように、テレビで見かける笑顔が美しく輝いていて、気になる人でした。

弘子さんに肝がんが見つかったのは19歳、立命館大学一年生の夏のこと。お腹が出てきて、太ったかな？　と思っていたら肝がんだったそうです。腫瘍は2キロほどの大きさになっていました。あまりにも残酷で唐突な「余命半年」の宣告でした。

肝がんというと、お酒好きの人がなるというイメージを持ってしまいがちですが、実はその7割が**C型やB型肝炎ウイルス**の持続感染に起因するものです。

沈黙の臓器と呼ばれる肝臓。初期のがんでは自覚症状はほぼ現れません。腹部のしこりや痛みを覚えるのは進行してからです。

幸い弘子さんは手術で腫瘍摘出できたものの、一年も経たぬうちに再発、肺転移も認められ、

C型やB型肝炎ウィルス

C型肝炎は、輸血や医療機関での針刺し事故、タトゥーなどで感染するケースが多い。B型肝炎は、上記のケースに加え、出産時の母子感染によってなることが多かったが、最近は減少している。

再び手術へ……。過去の記事を読んでいると、この頃より弘子さんの生への強い闘志が感じられます。

「肺に転移しているとわかってからこの一瞬の大切さが、今生きていることの素晴らしさ、時間はいつどんなときに終わるのかわからない、ということを真の意味において少しずつ理解していきました。どんなことにも意味はあります」「もし明日が最後だとしたら、今日泣いていたらすごいもったいないですか？　だったら今日笑って明日を迎えたい」

絶対に明日も生きると決意した弘子さんはさまざまなことに挑戦します。自動車免許、フラダンス、富士登山、スキューバダイビング、海外旅行はなんと30ヵ国近くに出かけたといいます。20回にも及ぶ手術を繰り返しながら、です。

そして２０１７年夏にご結婚。純白のウェディングドレス姿の写真を拝見しましたが、すでに骨やリンパ節に転移をしているとは思えない、幸せいっぱいの微笑みでした。

私は余命宣告という言葉が嫌いです。余命とは、あくまでも平均値に過ぎないのに、人によっては絶望の淵に立たされてしまうから。しかし弘子さんの場合は、余命半年と言われたからこそ、人生を一秒たりとも無駄にせずに生きられたのかもしれませんね。

夫の朋己《ともき》さんが綴ったブログによれば、2月末に京都旅行を楽しみ、芸妓体験にも挑戦。でもその翌日、気管から出血し、緊急入院。３日連続で手術をしたものの、肺機能が低下し、意識が戻らぬまま２０１８年3月25日に亡くなりました。25歳でした。辛いことですが、でも、若いのに可哀想と言うのは、なんだか違う気もします。

余命半年と言われながら5年半もの時間を全力で生きられた。末期がんでも、人生は自分でデザインできると彼女は教えてくれました。

未来にその命を託した美しきキャスター

黒《くろ》木《き》奈《な》々《な》さん 32歳、胃がん

1982年11月12日生まれ、2015年9月19日没、享年32。フリーアナウンサー。NHKBSのニュースキャスターに抜擢されるなど、将来を嘱望されていた若手アナウンサーだった。

フリーアナウンサーの黒木奈々さんが32歳の若さで亡くなったのは、２０１５年9月19日でした。

上智大学を卒業後、報道記者を経て２０１４年春からNHKBSのキャスターに抜擢。同年7月に、ワインバーで突然倒れて救急病院に搬送されました。そのときは胃潰瘍という診断でしたが、念のために受けた再検査で初期のスキルス胃がんと判明します。9月に胃全摘手術と腸ろう造設手術を受けました。術後の診断は、初期の**ステージ1からステージ3に**。涙を呑んでキャスターを降板し治療に専念します。亡くなる半年前に出版された闘病の心境を語った著書『未来のことは未来の私に任せよう』（文藝春秋）によると、緊急搬送される日まで自覚症状はなかったそうです。もともと我慢強い性格で、ハードな仕事のなかでストレスを溜め込んでいたこともいけなかったのかもしれないと振り返っています。若いから健康を過信していた、とも。本書は、「必ずがんを治して仕事に戻ってくる」という決意で結ばれていました。

ステージ1からステージ3に

胃がんの進行度は、大きく4つの病期（ステージ）に分類される。粘膜に発生したがんが、胃壁のどの層まで進んでいるのか、転移がどの程度なのかの二つの要素を鑑みて決定される。

黒木さんは、術前に鳥肌胃炎を指摘されています。胃の粘膜が鳥肌のようにブツブツしたタイプとなる胃炎のことです。この特殊な胃炎は若い女性に多いと言われ、ピロリ菌感染や胃がんとの関係性が知られています。

術後にステージ3と確定され、再発リスクを下げるためにすぐに抗がん剤治療を受けることになりました。しかし、手術からちょうど1年後に闘病むなしく旅立たれました。

美しさ、体力、仕事に最も自信が持てる30代の健康な女性が、ある日突然「がん」と診断され、描いていた未来予想図が一変するということ……こう書くと、同じくキャスターだった、亡くなられた小林麻央さん（16ページ）を思い出す人も多いでしょう。

実は、黒木奈々さんと小林麻央さんには多くの共通点がありました。同じ82年生まれ、同じ大学、同じ所属事務所、そして同じ時期にがんが見つかっているのです。

麻央さんは生前にブログでこんなことを綴っています。

「元気になったらいつかお会いして、お話したいなと思っていました。でも、黒木奈々さんは亡くなられて、その、いつか、は叶えられませんでした。ご本人にも何も伝えられませんでした」。

実はもう一つ、お二人の最期には大きな共通点があるのです。在宅医療を選択し、最期を自宅で迎えました。麻央さんの最期の言葉は「愛している」、奈々さんの最期の言葉は「父さん、お母さん、大好きだよ」。

愛の言葉を残し旅立った、平成を生きた美しい二人のアナウンサー。最大の共通点は、「最期まで前向きに生きた」ということかもしれません。天国で今頃、どんなおしゃべりに花を咲かせていることでしょうか。

家族に残した「愛している」の言葉

小《こ》林《ばやし》麻《ま》央《お》さん 34歳、乳がん

1982年7月21日生まれ、2017年6月22日没、享年35。フリーアナウンサー。人気絶頂時に市川海老蔵と結婚、二児をもうける。亡くなる3日前までブログを更新し続けた。

その日の朝、「人生で一番泣いた日です」と夫はブログに綴りました。市川海老蔵さんが妻・麻央さんのがんの公表記者会見を行ってから約一年。とうとうお別れの日が来てしまいました。一部メディアでは、最初の段階（２０１４年）で麻央さんの乳がんを見逃した医者の「犯人捜し」をしていたようですが、そんなことをして誰のためになるのでしょうか。

医療はいつも不確実性の上に成り立っています。どんなに優秀な医者でも、すべてのがんを早期に発見することは不可能です。また、もっと早くに発見できていたら治せたかも、という仮定の話にはあまり意味がありません。

こうした評論は、結果的に世の医療不信を増幅し、何よりも麻央さんを「運が悪かった人」「可哀想な人」に貶《おとし》めるだけではないか……。生前、麻央さん自身はこんな発言をされています。

「人の死は、病気であるかにかかわらず、いつ訪れるかわかりません。たとえば、私が今死んだら、人はどう思うでしょうか。『まだ34歳の若さで、可哀想に』『小さな子どもを残して、

鎮静
終末期鎮静（ターミナルセデーション）のこと。亡くなる直前のがん患者の苦痛を取るためのの緩和ケア。患者との意思疎通ができなくなるため、家族や医師にとっては難しい選択となることも。

可哀想に』でしょうか。私は、そんなふうに思われたくはありません。なぜなら、病気になったことが私の人生を代表する出来事ではないからです」（２０１６年11月、ＢＢＣに寄せた手記より）。

心を揺さぶられました。まだ34歳、私からすれば娘のような年齢の人がこのような考えに至るとは。なんと冷静な女性でしょう。さすが成田屋のお嫁さん。こうした強い心を保っていた人だから、最期は自宅で平穏に過ごそうと決めることができたのでしょう。最期の最期までなんとかして治そうとして、がんの治療を続けると、平穏に逝けないことがままあります。キュア（治療）からケア（積極的な治療ではなく、自宅で痛みや苦しみを取り除き穏やかな日々を過ごせることに重点を置く緩和ケア）への移行ができずに、最期を迎えた場合です。

しかし、ご夫婦のブログを拝読するかぎり、麻央さんは入院医療から在宅医療に自然な形で切り替えています。人生最期の１ヵ月の過ごし方が、本人にとっても家族にとっても大切。在宅医や訪問看護師による緩和ケアを受けたからこそ、死の３日前までブログを更新、前日までジュースを飲み家族と会話ができていたはずです。

そして最期の瞬間は、夫の帰りを待って、「愛している」と……。もし病院でたくさんの点滴を受けて鎮静をかけられていたら、最期の言葉を遺すことも叶わなかったはずです。

麻央さんの最期は、私がずっと言い続けている在宅での「平穏死」そのものであり、「自宅が世界最高の特別室」であることの証明です。亡くなった翌朝も、お子さんたちはママの足をさすり、同じ部屋で寝たとか。これも病院では叶わなかったはず。

自分の最期を覚悟していたのか、旅立つ姿を子どもに見せたことは、母親として最後の教育で最高の贈り物でした。二人のお子さんは、きっと立派な大人になるでしょう。

ひとりで逝った人気アイドルの最期

川越美和《かわごえみわ》さん　35歳、死因不明

1973年1月3日生まれ、2008年4月22日没。享年35。アイドル歌手、女優。1989年には第31回レコード大賞新人賞を獲得し、将来を期待されるも、2007年に突然引退。

他人事とは思えない！　かつての人気アイドル孤独死のニュースに、私の周囲にいる妙齢の女性たちは異口同音に不安気な顔をしました。正統派美少女アイドルとして、90年代に活躍した川越美和さんが、２００８年に孤独死をしていたと週刊誌が報道したのは２０１７年のこと。享年35。川越さんは、亡くなる数年前から、精神のバランスを壊して摂食障害となり、酒浸りの生活を送っていたとも報道されています。一度はアルコール依存症治療も行っていたそうですが、お酒をやめられませんでした。重ねて、抗うつ薬も飲んでいたとのこと。

亡くなる1年前には、コンビニのビニール袋で2袋ほどの量の薬を手に、メンタルクリニックから出てきた彼女が目撃されています。10種類以上も薬を飲んでいたそうです。手を差し伸べようとした人は何人もいたようですが、酒と薬の依存から抜け出すことはできなかった結果、都内のアパートで変わり果てた姿で発見されました。死因はあきらかにされていませんが、状況から察すると、〝緩やかな自殺〟もしくは、〝セルフ・ネグレクト（自己放任）〟と言っても

『孤独死大国 予備軍1000万人時代のリアル』
菅野久美子（かんのくみこ）著。2018年、双葉社刊。孤独死が起こった現場はどうなるのか、残された遺族は何を感じるのか、菅野氏による丁寧な取材で話題を呼んだ問題作。

いいのかもしれません。こうした報道を聞くと、今の精神科医療の在り方に疑問を持たざるを得ません。多剤投与の先にセルフ・ネグレクト、自殺という悲劇が起きても、薬を処方した医師の多くはなんら責任を負わないからです。ある日患者が外来に来なくなったら、それで終わり……。同じ医療者として腹立たしい。

私のクリニックにも年に何度か警察から電話が入り、孤独死の現場に立ち会うことがあります。ときには、ペットの犬や猫も一緒に死んでいることもあり、未だ現場に慣れることはありません。虐待事件でも同じことが言えますが、ドア1枚で隔たれた向こうで起きていることに、我々はあまりにも無関心ではないでしょうか。

菅野久美子さんという気鋭のノンフィクション作家が書いた『孤独死大国』という本が話題になりました。私も拝読しましたが、「日本人の〝つながり〟はここまで廃れてしまったのか……」と、地域医療にかかわる立場として、ため息しか出ませんでした。川越さんのような死は決して珍しいことではないのです。彼女の本によれば、孤独死の8割がセルフ・ネグレクト状態だったというデータもあるそうです。食事を拒否し、自身の健康状態に関心を持たず、いつしか寝たきりとなり、声を上げぬまま衰弱死……。

こうしたケースは、介護保険制度が適用される高齢者よりも、むしろ、若い人に多いとのこと。菅野さんの予測によれば、我が国の23歳〜79歳のうち、実に1000万人が孤独死予備軍であるというのです。「孤独死大国」とはつまり、「絶望大国」とニアイコールであると私は思います。未婚率や貧困率だけを見ても、何も解決できません。弱い者に冷たい政府のフラクタル（相似形）で、冷たい人間社会ができあがる。だからこそ、あなたの電話一本で、救える命があることを忘れないでほしいのです。

「ありがとう！」「生きるで！」熱いメッセージを残した

いときんさん　38歳、がん性心膜炎

1979年3月3日生まれ、2018年1月31日没、享年38。関西弁を使うヒップホップグループET－KINGのリーダー。豪傑でお人好しな性格で、曲作りへのこだわりも強かった。

〈がん宣告を受け約5ヵ月が過ぎました。治療法、食事、生活習慣、価値観、思考、改善しなければならないことがたくさんあります。（中略）一進一退を繰り返しながらではありますが、おかげさまでたくさんの仲間の手を借りながら家族共々、次の日に向かえている状況です。年末に少しでもよい報告ができるよう流れを感じながら、気張らず過ごします。生きます〉

これは若者に人気のヒップホップグループＥＴ－ＫＩＮＧのリーダーであるいときんさんが、肺腺がん闘病中の２０１７年11月21日にブログに綴った言葉です。いときんさんは、このブログから約70日後の２０１８年1月31日に旅立ちました。死因はがん性心膜炎。38歳という若すぎる死です。２０１７年６月に受けた健康診断で肺腺がんが発覚したときはすでにステージ４で、脳とリンパ節への転移を認めました。

男性のがん死亡のトップである肺がんですが、男性だけでも毎年５万人以上が命を落としています。肺がんは、小細胞がんと非小細胞がんと大きく二種類に分けられます。さらに非小細

男性のがん死亡のトップ

2017年の国立がん研究センターの調査によれば、男性のがんの死亡数が多い部位は、1位が肺、2位が胃、3位が大腸。女性は1位が大腸、2位が肺、3位が膵臓となっている。

胞がんは、肺腺がん、扁平上皮がん、大細胞がんに分けられますが、このうち、肺腺がんが60%を占めます。

肺腺がんは、初期段階では自覚症状はほとんど現れず、見つかりにくいがんの一つです。早期で見つかるケースは、たいていが人間ドックやがん検診などで発見されます。

進行するに従い、咳が長時間続いたり、血痰が出たり、胸の痛みなどの症状が出てきます。また、いときんさんがそうだったように、リンパ節などに転移しやすいがんでもあります。ステージ4で見つかった場合、外科手術の適応はなく、抗がん剤治療にも大きな期待が持てないことがよくあります。

ET-KINGは、2014年にメンバーのTENNさんが亡くなっています。その悲しみを乗り越えるようにして、3年間活動を続けてきた6人でした。そんななかでのリーダーのがん発覚は、ファンにとってショックも相当なものだったでしょう。「生きるで」……いときんさんは、病室にギターを持ち込んで曲作りに励みました。そして2017年12月28日、ET-KINGツアー最終日の難波で、見事ライブ復帰を遂げたのです。

舞台上でトレードマークのハッピを脱ぎ捨てて、上半身裸になると、「ありがとう!」「生きるで!」と何度も繰り返しました。

「お父ちゃん、お母ちゃんにもらった体というのは、公衆便所じゃないですね。タバコとか酒とか、体に毒放り込んだらアカンよ」と会場に語りかける場面もあったといいます。

先のブログの通り、新たな人生観を掴んだのでしょうか、ファンに向けられた憂いなき最期の笑顔でした。

「奇跡の3年」を生き抜いてリングに散った

渡部《わたなべ》えりかさん 39歳、胃がん

1978年4月28日生まれ、2018年4月20日没、享年39。プロレスラー。JWPで活躍し、引退後に結婚するも、2006年の心臓病に続き、2013年には胃がんが発覚した。

最近「孤独」についての取材をよく受けます。そんなときには、死とは誰しも孤独なものです、とお話しています。

しかし誰かが亡くなった後で、大勢の人が泣いている場面に出合うと、この人には本当の友達が大勢いたんだな、いい人だったんだなと思います。逆に、どんなに立派なお葬式でも、あれ、誰も心から泣いていないぞ？　と感じる場面もあります。

昔、20代の末期がんの男性を在宅で受け持ったときのこと。ご臨終を前に100人以上の友人が家に集まっており、その子らを掻き分けるようにして彼の部屋まで辿り着きました。大勢の仲間が号泣しながらのお看取りでした。気づけば私も一緒に号泣……元女子プロレスラーの渡辺えりかさんの訃報を読んで、あの日のことをふと思い出しました。

渡辺さんは2018年4月20日、胃がんのため逝去。享年39。直後よりレスラー仲間からの哀悼がSNSにあふれました。大勢の先輩後輩から涙で見送られるのはある意味、若い人だ

ピロリ菌感染率
日本では1960年代以前に生まれた人の7〜8割、70年代で2割、80年代以降では約1割と、若い人ほど感染率は激減しており、長期的には日本人の胃がんは減っていくと考えられる。

からできる旅立ち方です。長生きすればするほど、本当に泣いてくれる仲間も減りますから。

渡辺さんは以前より心臓の疾患に悩まされ、２００６年にプロレスを引退していました。そして、２０１３年9月、35歳のときに胃がんステージ３ｂと診断。15年3月には肝臓など３ヵ所に転移していることがわかり、「もう手術はできない。抗がん剤がうまくいって2年。奇跡が起きて3年と思ってください」との余命宣告を受けました。彼女にはまだ小学生の息子さんがいました。

絶対に生きてやるという想いを、昔の仲間たちが受け止め、プロレス会場に募金箱が置かれたり、フリーマーケットをやったりして、皆で治療費を集めたようです。その甲斐あって一時がんは小さくなり、「恩返しできるように、がん細胞をギッタンギッタンにしてやらなきゃ」などと、レスラーらしい頼もしい発言をしています。

若い世代のピロリ菌感染率の低下によって、胃がんの好発年齢が高齢化しています。しかし、ときどき彼女のように若くして胃がんになる人もいるのです。

もし早期発見ができれば切除して完治する場合も多くありますが、我が国の胃がん検診の対象は50歳以上（X線検査は40歳以上で実施可）。30代の胃がんの早期発見は困難と言わざるを得ません。また、初期には何ら自覚症状がないことがほとんどです。

渡辺さんは料理が大好きでした。亡くなる約1ヵ月前の3月28日のブログには、「（1ヵ月後の）お誕生日にこれ欲しい！　誕生日までは何があっても死ねないわ」とホットサンドメーカーをおねだり。息子さんに作ってあげたかったのでしょう。大好きな家族、仲間、料理。この3つがあったからこそ、「奇跡の3年」を生きられたのだと思います。

格闘界を駆け抜けた神の子

山本《やまもと》ＫＩＤ《キッド》徳郁《のりふみ》さん 41歳、胃がん

ミュンヘンオリンピック（１９７２年）のレスリング代表の山本郁栄《いくえい》さんが父親で、姉の美憂《みゆう》さんと妹の聖子さんは世界選手権を制しているというレスリング一家に育った、格闘家の山本ＫＩＤ徳郁さん。自身のインスタグラムでがん公表をされたのは、２０１８年８月26日のことでした。

「絶対元気になって、帰ってきたいと強く思っていますので温かいサポートをよろしくお願いします！」と綴った矢先の９月18日、療養先のグアムの病院で旅立ってしまいました。41歳でした。

２年ほど前から胃がん闘病をされていたとのこと。公表時には、すでに全身にがんが転移していたそうです。どんな気持ちで公表されたのか、胸が痛みます。30代で胃がんになる確率は１万人に１人。ＫＩＤさんも、青天の霹靂だったことでしょう。死因の詳細は明らかにされていませんが、早期発見が難しく進行の早いスキルス胃がんだったのかもと推測します。

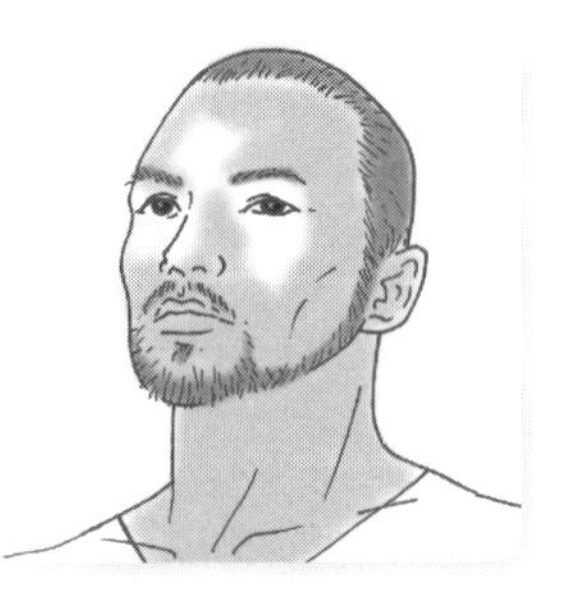

1977年3月15日生まれ、2018年9月18日没、享年41。総合格闘家。レスリングで活躍したのちに2001年にプロ格闘家としてデビュー、2004年からはK-1にも進出した。

胃がん検診

胃がんの検査方法には、胃X線検査（レントゲン検査）と胃内視鏡検査（胃カメラ検査）の二つあり、50歳以上が検診対象だが、X線検査は40歳以上でも実施可とされている。

現在、我が国では**胃がん検診**には従来の胃透視（バリウムを飲むX検査）よりも胃カメラのほうが有効であるとされています。ただスキルス胃がんだけに限れば、胃透視で胃壁の進展性を診たほうが早期発見できる可能性が高いのではという根強い意見もあります。

しかしアスリートとして普段から食生活にも人一倍気をつけていた30代の、これほど強くて元気だった若者が、積極的にがん検診を受けようとは思いもしなかったはず。最後の最後まで、絶対に治して元気になる！　もう一度リングに立つ！　という希望は消えなかったことでしょう。

遅ればせながら私は、「神の子」というKIDさんのニックネームの由来を、今さら知りました。「オリンピックに出た父親は、自分のなかでは神。だから俺は神の子（KID）。格闘の神様の子どもだから」と言っていたそうですね。

こんなふうに息子に尊敬される父親とは、なんと幸せなことか。アスリート一家には家族愛が強いイメージがありますが、山本家の絆は格別だったようです。

闘病中は、ご家族がしっかりとグアムでサポートされていたことも報道されています。母親の憲子さんを99年に白血病で亡くされていることが、よけいに兄弟の絆を強くしていたのかもしれません。美憂さんは「一秒も離れたくない」と言っていたとか。

SNSでは、「KIDはがんに負けた」と呟くファンの人もいるようですが、がんに勝ち負けなど、本当はないのです。人は100％死にます。若いから負け、と他人が判断するのは、ご本人にも闘病を支えた家族に対しても、大変失礼なことだと思います。

姉の美憂さんは、悲しみを乗り越え、弟をなくした月の終わりに、弟の魂とともにRIZINのリングに上がり、見事に勝利しました。

人生の円熟期を前にした想定外の死

森《もり》慎《しん》二《じ》さん　42歳、多臓器不全

年に何度か、若いスポーツ選手の突然の訃報を耳にします。元気溌剌なイメージがあるだけに、悲しみの前に驚いてしまいます。ストイックなトレーニングがときに裏目に出てしまうのでしょうか。

西武ライオンズの投手コーチ、森慎二さんの訃報が飛び込んできたのは２０１７年６月28日。福岡市の病院で死去。享年42とは若過ぎます。森さんは２００６年、絶好調だった31歳のときに西武ライオンズからメジャーリーグに挑戦、渡米しました。しかしシーズン開幕直前に右肩を脱臼。全治1年の大ケガを負ってしまうのです。球を投げた瞬間、「腕がボロンと取れた」と思ったほどの衝撃的な痛みと、絶望感を味わったといいます。たった一度の投球でのケガから想定外の人生が始まりました。一度もアメリカでの大勝負に挑めぬまま、夢半ばで第一線から身を引き２０１５年、コーチとして古巣へ戻ってきました。

一緒に頑張っていた仲間にとっても、彼の死はまさに「想定外」だったことでしょう。体調

1974年9月12日生まれ、2017年6月28日没、享年42。プロ野球選手、西武ライオンズ投手コーチ。背番号89をつけ、コーチとして現役活躍中に突然体調が悪化して死亡。

死亡診断書

書類に記入できるのは、診断した医師か歯科医師のみ。厚生労働省は終末期の状態(呼吸不全、心不全など)よりも、その人の死亡に最も影響を与えた傷病名を書くように指導している。

不良を訴えて緊急入院したのは死の3日前の25日。しかし回復せず、多臓器不全による急死となりました。

「倒れる前の日まで元気にしていた。病気の兆候などわからなかった」と球団本部長の話。森コーチの身体のなかで一体何が起きていたのでしょうか?

皆さんに知っておいてほしいのは、多臓器不全は病名ではないということ。既に何らかの病気があり、その進行とともに、生命維持に不可欠な臓器のうち二つ以上の臓器が機能しなくなった状態のことを多臓器不全と呼びます。

たとえば、俳優の渡瀬恒彦さん(90ページ)は胆のうがんで闘病していましたが、死因は多臓器不全として報道されました。

死因とはつまり、医師が死亡診断書になんと書くかで決まります。がんで亡くなった人でも死の直接的な原因として、多臓器不全と記載されることがあります。

しかし、森さんはがんを患っていたわけではなさそうです。がん以外に、あの若さで多臓器不全を引き起こす病態としては、腎不全や心不全、肝硬変などの基礎疾患があり、肺炎や敗血症などが加わった状況が考えられますが、詳細は不明です。

かねてからの持病が自覚症状もないまま静かに進行していたのでしょうか。「突然死」と呼ばれる最期ですが、健診で異常を指摘されても受診をせずに放置していた結果、ある日突然、手の施しようのない状態で救急搬送されることもなくはありません。

毎年の健康診断で、もし何らかの異常を指摘されたら、必ず医療機関を受診し医師とよく相談してください。森コーチは今後多くのスターを育てていくはずでした。一番悔しかったのはご本人ではないでしょうか。

鋭い観察眼で知られた国際ジャーナリスト

竹田圭吾《たけだけいご》さん　51歳、膵臓がん

1964年12月30日生まれ、2016年1月10日没、享年51。ジャーナリスト。「ニューズウィーク日本版」の編集長ほか、さまざまなメディアでコメンテーターとして活躍した。

11月16日は〈世界膵臓がんの日〉です。もっと膵臓がんに関心を持ってほしいと、患者団体パンキャンジャパンが啓発をしているものです。私は今59歳ですが、ここ数年、同年代の友人が数人、このがんで旅立ちました。ミドルエイジ・クライシスという言葉を連想します。

２０１６年１月に膵臓がんで亡くなられたジャーナリストの竹田圭吾さんもまだ51歳でした。膵臓がんが発覚したのは２０１３年。既にステージ３でした。毎年人間ドックを受けていたのになぜ？　と普段は冷静沈着な竹田さんが、大変ショックを受けられたそうです。

「職業柄、病気のことをいろいろ調べてみました。膵臓がんについて書かれているのは、厳しいことばかりで落ち込んでしまった」。

確かに膵臓がんは治療の難しいがんです。発見時に7割は手術ができる状態ではなく、できても1～2年内に9割の人が再発します。竹田さんは手術を受けましたが、術後9ヵ月目に再発しました。

膵臓がんは治療の難しいがん

膵臓は、胃の裏側に隠れるようにあるために、超音波が届きにくく、また内視鏡を挿入することもできない。しかも早期にはほぼ自覚症状がないため発見が遅れ、治療も困難になる。

しかしその後も仕事を続けながら抗がん剤治療を受け、発覚から2年半あまり、充実した日々を送られたようです。2015年9月には、テレビでがんを告白。同じがんの人たちに大きな勇気を与えたことでしょう。膵臓がんが死と直結すると考えるのは間違いであると。

実際、私が膵臓がんを見つけた患者さんでも、10年以上もお元気な人が何人かいます。膵臓がんにも多少の種類があり、長生きできるタイプもあるのです。

竹田さんはご家族4人で2015年12月28日に海外旅行に出発しました。亡くなる2週間前に日本を発ったことになります。ニューオリンズで、大好きなカレッジフットボールの試合を楽しんだということです。

亡くなる2週間前に旅行する人は、私が看取ったがん患者さんのなかにも数人おられましたが、国内旅行か、遠くても韓国やグアムくらいが多かった。アメリカ旅行を決断したことには正直、驚きました。強い意志と家族の結束力が伺えます。

そして帰国後すぐ、1月5日に最後のラジオ出演。その夜に発熱し緊急入院となりました。入院翌日から、竹田さんは「家に帰りたい」と連発したため、ご家族は在宅医療の準備をしたそうです。しかし間に合いませんでした。

入院5日目の1月10日、息子さんに手を握ってもらいながら病院で静かに旅立たれたそうです。自宅に帰れなかったのは残念ですが、家族旅行を楽しみ、穏やかな最期を迎えられました。

膵臓がんはとても身近で、とても厳しい病気です。しかし決して絶望することのないように。旅行や仕事を最後まで諦めなかった竹田さんの生き方は大変参考になるはずです。

作曲の腕が惜しまれる北島サブちゃん男泣き

大野《おおの》 誠《まこと》さん 51歳、心不全

1967年9月5日生まれ、2018年3月3日没、享年51。北島三郎の次男、作詞・作曲家、北島音楽出版常務。バンドのボーカル、アニメソングの作曲などで活躍した。

在宅医として、さまざまな家族のドラマに立ち会う日々です。百の死があれば、百通りのドラマがありますが、やはり子が親よりも先に逝く「逆縁」の別離に立ち会うときは、本当に辛いです。

北島三郎さんの次男でミュージシャンの大野誠さんが、都内で一人暮らしをしていたご自宅で亡くなりました。兄によって発見されたのは２０１８年３月３日のこと。死因は心不全。51歳の若さでした。死後８日が経過していたといいます。

「大事な、大好きな、かわいい我が子が先に旅立ってしまったという……そんな辛さがあります」

３月７日に記者会見を開いた北島三郎さん。いつもの元気溌剌としたオーラはなく、憔悴しきった表情で声を絞り出す一人の父親の姿でした。

死因は心不全ということで、心臓にトラブルがあったのか、という記者の質問に対しては、「まったく感じなかった。彼はもし、それだとしたら、俺に隠していた。昔から思いのままに一人でやるのが好きでしたから」とのこと。

この件に関し私はいくつかのメディアからコメントを求められました。2017年末の拙著『男の孤独死』が話題になっているからでしょう。

孤独死の男女比は8対2で、男性が圧倒的に多いのです。他者とのコミュニケーションの取り方の違いもしれません。男性は一人で何かをするのが好き。おまけに男性は医者嫌いが多いことにも起因しています。

実は、東京都内での在宅での死亡では、その6割に警察による**検死**が入ります。家族に看取られずに死後時間が経過すると、事件性を疑われてしまうのです。こうした事態を知ってほしくて先の本を書いたのですが、興味を持ってくれるのはたいてい女性。独りで暮らす父や兄弟に読ませたいと買われるようです。幾つになっても男は、死の現実と向き合うのを恐れ、夢だけ追って生きていたいのでしょうか。

とは言うものの、死ぬときは誰しも一人です。どんなに仲のいい人がいても、一緒には逝けません。ですから「孤独死は可哀想」と決めつけるのも、ちょっと違うと思います。最期まで自由に好きなことをやって、突然死した結果が孤独死であるとも言えます。私自身も医者の不養生で孤独死しそうな予感がしています。

誠さんは、未発表の歌を多く残していたそうです。「素晴らしいセンスの持ち主。息子であって、良き私の相方でもあった」と語った北島三郎さん。悲しみは形見の音楽が癒していくのでしょう。誠さんの曲を、サブちゃんが元気に歌ってくれる日を心待ちにしています。

検死

検死とは、検視（警察が遺体や周辺を調べ犯罪性の有無を確認）、検案（監察医などが死因や死亡時刻を判定）、解剖（検視、検案でも死因を判定できないとき）を包括した言い方。

時代を駆け抜けた大輪の花

有《あり》賀《が》さつきさん 52歳、死因不明

1965年9月9日生まれ、2018年1月30日没、享年52。アナウンサー。八木亜希子、河野景子と「花の三人娘」と呼ばれた、女子アナブームの火つけ役。

「急死」の二文字が新聞に躍りました。女子アナブームの火つけ役となった有賀さつきさんが２０１８年1月30日に亡くなりました。52歳でした。急死という言葉には誰もがショックを受けます。まだ若く美しい方だった場合はなお一層のこと。

医学において、急死とはすなわち突然死のことで、健康に見える人が急速に死に至ることを言います。ＷＨＯの定義では瞬間死、あるいは発病後24時間以内の内因死（交通事故など外因死は含まれない）とされています。

しかし有賀さんの記事をよく読んでみると、「数年前から病気と闘っていた様子」とあります。ここ1～2年はかなり痩せて、カツラ姿でテレビ出演されていたこともわかっています。つまり、急死ではないのです。ご本人ではなく、メディアにとって急な知らせだったから、「急死」と書かれてしまったのでしょう。

さらに有賀さんは、ご自身の病名を公表せず、病院にも、死後も決して詳しいことは明かさ

「秘すれば花なり」

昨今は、有名人ががんを公表するのが当たり前となったが、絶対に言いたくない、悟られたくないと考える人もいることを忘れてはいけない。むやみに詮索したり噂するのは避けたい。

ぬようにとお願いをしていたようです。その意思は徹底しており、近しい友人も、ご家族にも知らされぬままだったとか。

ネットでは、死因についてさまざまな憶測が飛び交ったようです。しかし、一体いつから有名人は病気を公表することがなかば義務となってしまったのでしょうか。公人だから？　いいえ、芸能人は公人ではありません。公人とは議員や公務員のことを言います。

２０１７年に亡くなられた小林麻央さん（16ページ）のように、ブログで経過を綴ることを生きる勇気に変える人もいるでしょうし、その逆に隠し通すことで生きていく人もいるでしょう。

かく言う私も医者ではありますが、もし自分ががんになっても、誰にも明かさないかもしれません。だから有賀さんの気持ちが、なんとなくわかるのです。

有賀さんは銀行口座を整理し、数ヵ月前から仕事は介護を理由に断るなど、人知れず終活を行っていました。なんと強く賢い女性なのでしょうか。世阿弥の「**秘すれば花なり**」という言葉を彷彿とさせる逝き方です。

おそらく、最期を託す医師についても、納得いくまでご自身で探していたような気がします。お父様のお話によれば、病院に入院したのは最期の2週間だけで、死ぬ間際まで、普通に会話ができ、一人でトイレにも行けていたといいます。つまり有賀さんは、急死どころか、完璧な平穏死をされたのではないでしょうか。

どういう最期を迎えたいのかしっかりイメージされ、延命治療を希望しないことも医師に伝えていたのでしょう。そうすれば、自宅でなく病院でも平穏死は叶うということを、有賀さんは教えてくれました。

命の尊さを歌詞にした「100万年の幸せ!!」

さくらももこさん 53歳、乳がん

「2012年のお正月、いきなりさくらももこ先生が詞を書いていただいて、これに歌をつけてくれませんかと。素敵な詞だったし、お手紙の感じがすごくよかったのでぜひやらせてもらいますと曲を作りました……何の恩返しもできなかった……」

桑田佳祐さんがパーソナリティを務める人気ラジオ番組『やさしい夜遊び』。2018年9月1日の生放送で桑田さんはこう言って、ちびまる子ちゃんの主題歌だった『100万年の幸せ!!』をギターで熱唱されました。

ちびまる子ちゃんの生みの親である漫画家のさくらももこさんが、2018年8月15日に亡くなりました。享年53。死因は乳がんでした。

深夜の往診の帰り、車中で桑田さんのラジオを聴いていた私は思わず泣きました。この歌は、「今を生きている喜びが宇宙（そら）をかける」という歌詞から始まります。

桑田さんが食道がんになり休業されたのは2010年のこと。しかしその翌年に起きた東日

1965年5月8日生まれ、2018年8月15日没、享年53。漫画家、エッセイスト、作詞家。自身の子どもの頃を描いた代表作「ちびまる子ちゃん」は、累計3000万部を超える。

乳がん さまざまなタイプ

乳がんの病態は進行度の他に、ホルモンレセプターを持つ、持たない、HER2タンパクを持つ、持たないによって、4つのタイプに分類される。それにより治療法も異なってくる。

本大震災のチャリティ活動を機に、再び積極的に歌い始めます。

そんな桑田さんに感動し、ももこさんはこの歌詞を贈ったのではないでしょうか。そして、ももこさんご自身が乳がんと診断をされたのも東日本大震災の直後くらいだったという報道がありました。

己のがんと向き合いながらも、震災で失われた多くの命と残された命のため何かをしなければ、という想い。分野は違えど、この国を代表する二人のアーティストが、同じ価値観を持って命の尊さを訴えたのが『100万年の幸せ!!』だったのか……と泣けたのです。

さくらももこさんの訃報が突然だったために、いきなり死んでしまったと思っている方も多いかもしれません。しかし、先の震災直後の発覚が事実だとすれば、乳がんの闘病は長期にわたるものだったようです。さまざまなタイプがあるので、もちろん一括りにはできませんが、乳がんは、比較的長く付き合っていくがんです。

国立がん研究センターの今年の発表によると、乳がんの10年生存率（がんと診断された人が10年後に生存している割合）は80%を超えています。がん全体では55・5%ですから、その差は歴然。

ももこさんも、死に悲観的にはならずに、しかし、生の尊さを噛み締めながら闘病を続け、最期まで創作に挑まれたように思います。闘病の詳細をごく近しい人にしか明かさなかったのは、自分の分身である作品に、悲しい色がつくのを避けたかったこともあるはず。桑田佳祐作品にも、同じ想いを感じることがあります。

桑田さんとももこさんの共通点は、「人に希望を持たせ、励ましてこそアーティスト」という気概ではないでしょうか。100万年の幸せ!! 今こそ聴いてほしいです。

ラグビーに魂を捧げた男のなかの男

平尾誠二《ひらおせいじ》さん 53歳、胆管細胞がん

1963年1月21日生まれ、2016年10月20日没、享年53。ラグビー選手、監督。神戸製鋼で日本選手権7連覇。日本代表としてW杯3大会連続出場。

「君のことを治せなくて本当にごめんなさい」。

神戸製鋼などで活躍し日本代表の監督も務めたラグビーの神様、平尾誠二さんを偲ぶ会（２０１７年２月）で、ｉＰＳ細胞研究所の山中伸弥所長が弔辞で述べた言葉です。山中教授は高校時代から平尾選手に憧れていたとか。私も同年代、同じ神戸人として、若い頃から平尾さんが大好きだったので、訃報を聞いたときは大きなショックを受けました。２０１６年10月20日逝去。53歳という若さで天国のフィールドに旅立たれました。

彼の命を奪ったのは**胆管細胞がん**でした。２０１５年に亡くなった川島なお美さんと同じがんです。

胆管は、肝臓のなかを通る直径10ミリ弱の管で、胆汁を十二指腸まで送り出す役割をしています。ですから、胆管がんは肝がんの一種とされていますが、肝細胞がんとはその性質も治療法も異なります。

胆管細胞がん

肝内胆管がんともいう。腫瘍が塊を作りながら大きくなっていくタイプ、胆管内を浸潤しながら進行していくタイプ、胆管の内側だけに充満していくように進行するタイプの3つがある。

２０１７年の統計では、肝がんは、男性は肺、胃、大腸に続き死亡者数第４位のがん。女性は第６位です。肝がん全体の年間死亡者数は３万人と言われていますが、胆管がんはそのうちの10％。まだその原因も解明されていないのです。

肝細胞がんはウイルス性肝炎や脂肪肝などハイリスクの人を重点的にフォローすれば早期発見・早期治療が可能です。しかし胆管がんはハイリスクグループが同定されておらず、検診でも見つかることが少ないため早期発見は困難です。

その点、人間ドックでこのがんが見つかった川島なお美さんは稀な例だったと言えるでしょう。かなり進行した状態で見つかることが多く、５年生存率は30～50％です。発覚したときには余命半年ないし３ヵ月と言われることも少なくないがんなのです。平尾さんのがんが発覚したのは、亡くなる1年ほど前。周囲には胃潰瘍と説明していましたが、その時点で余命３ヵ月との診断を受けていたそうです。しかし、平尾さんは最後まで諦めなかった。

山中教授が先の弔辞で明かしたところによれば、平尾さんはいろいろな治療にチャレンジしたとのこと。あるとき、「これはやったことのない治療だからどんな副作用が出るかわからない」と説明する山中さんに、「俺ら世界初のことをやっているんや！」と明るく返したそうです。

余命３ヵ月と言われながら、不屈の精神力で1年以上闘い抜いたミスター・ラグビー。彼が生前遺したこの言葉が私は大好きです。

「時間は命の一部なんです。今の時間を大事にできない人は、未来の時間もきっと大事にはできない。次なる道は開けない」。

今、この時間を精一杯生きるだけ……惚れますねえ。真にカッコいい男とは男に惚れられる男。平尾さんはその鑑です。素敵でした。

茅ヶ崎を愛した市長、57歳、働き盛りの突然死

服部《はっとり》信明《のぶあき》さん

57歳、脳出血

1961年6月5日生まれ、2018年10月4日没、享年57。政治家。神奈川県茅ヶ崎市議、県議などを経て、2003年から茅ヶ崎市長、4期目の途中、質疑応答中に倒れた。

神奈川県茅ヶ崎市の服部信明市長が、２０１８年10月４日に脳出血のため死去しました。57歳でした。前日３日の18時から、市内で催されたロータリークラブの例会に出席、講話をされました。

講話が終わり質疑応答を行っていたところ、19時30分頃より、呂律が回らなくなり、その場でしゃがみこんでしまったそうです。

異変に気がついた関係者がすぐに救急車を呼び、市内の病院に搬送されましたが、意識は戻ることなく翌朝に旅立ってしまいました。働き盛りの男性の**突然死**です。

報道によれば、その前月に受けていた人間ドックでは異常は見当たらなかったそうです。死因となった脳出血ですが、よく耳にする脳梗塞と何がどう違うのか、簡単にご説明しましょう。

脳の血管が何らかの理由で破れてしまい出血を起こし、血塊が脳を圧迫していくのが脳出血です。一方、脳の血管が何らかの理由で詰まり、血流の減少によって脳神経細胞が障害を起こす

突然死

健康に見える人が急速に死に至ること。WHOの定義では、瞬間死あるいは発病後24時間以内の死とされている。交通事故など外因死は含まれない。循環器疾患のケースが多い。

のが脳梗塞。また、くも膜下出血等を合わせた脳血管疾患の総称を脳卒中と呼びます。我が国での内訳は、脳梗塞7割、脳出血2割、くも膜下出血等が1割です。

脳出血の症状は、出血した場所によって違いますが、一般に激しい頭痛や吐き気、片側の口角や手足の痺れ、物が二重に見えたり視野が欠けたり、呂律が回らなくなったりする、思ったことが言葉に出なくなるなど。こんな症状が急に出たときにはためらわず救急車を呼んでください。

出血が軽い場合は回復しますが、脳の中心部で出血が起こったり、出血量が多かったりした場合には死に至ることもあります。統計によれば、血圧の変動が激しい朝と夕方に起こりやすいことがわかっています。脳出血の最大の危険因子は高血圧です。高血圧で動脈硬化が進み、血管が破けやすくなるからです。

服部市長も、高血圧の投薬治療を受けていたとの報道がありました。

血圧を適切にコントロールすることが、脳出血の予防となります。

そこで気をつけたいのは、まず食事。塩分の高いものを避けて、野菜多めのメニューを心掛けてください。そして、有酸素運動であるウォーキングを毎日30分程度続けること。時間があれば通勤時に一駅分歩くことをおすすめします。

生まれも育ちも茅ヶ崎の服部市長は2003年4月に初当選、亡くなったときは4期目の途中で、総仕上げの気合が入っていたそうです。超多忙な日々であったとお察しします。

地元が生んだ大スター、サザンオールスターズのファンで、2013年の茅ヶ崎ライブではステージに登場し桑田さんに記念碑を授与。お元気なら、10月27日には、デビュー40周年記念の「茅ヶ崎サザン芸術花火」に出席の予定でした。きっと空から見守ってくれることでしょう。

自分よりも家族を優先、長期にわたって闘病

浜《はま》尾《おお》朱《あけ》美《み》さん 57歳、乳がん

ニュースキャスターでエッセイストでもあった浜尾朱美さんが、乳がんのために2018年9月14日、都内の病院で亡くなられました。57歳でした。

筑紫哲也さん（2008年没）の隣でニュースを読んでいた姿を思い出します。ショートカットがお似合いで、知的な美しさが滲み出ているような人でした。

漫画家のさくらももこさん（34ページ）もそうだったように、浜尾さんも発覚から10年以上と長期にわたり乳がんと共存しながら活躍していました。がん治療と仕事を両立させているなかで急激に病状が悪化したようです。1年前に手術を受けましたが、5月に不調を訴えて入院。その後も入退院を繰り返していました。そういえば世代は少し違いますが、樹木希林さん（106ページ）も、60代で乳がんが発見されています。

日本人の**乳がんの罹患率**はこの30年で5倍以上に増えました。急増した理由として食生活の欧米化が指摘されています。乳がんの発症は30代後半と40代後半から50代前半と2つのピーク

1961年1月20日生まれ、2018年9月14日没、享年57。ニュースキャスター、エッセイスト。「サンデーモーニング」「筑紫哲也ニュース23」などで知られる。

乳がんの罹患率

一生のうちに乳がんを患う日本人女性は現在、11人に1人といわれている。かつての日本人の乳がんは、欧米と異なり閉経前に多かったが、近年は欧米同様に、閉経後も増加している。

があります。加齢に従い増加するがんですが、乳がんは若い人にできるがんの代表格です。後者はちょうど、女性の更年期と重なりますね。これは、乳がんが、女性ホルモンのエストロゲンの分泌と大きく関係しているからです。エストロゲンは女性の身体に欠かせない大切なホルモンですが、分泌量の多い時期が長く続くほど、乳がんリスクが高まることがわかっています。

乳がんの具体的なリスク因子として、以下のようなものが挙げられます。

○家族に乳がんになった人がいる ○初産年齢が遅い、または出産経験がない、少ない ○授乳経験がない、または短い ○閉経年齢が遅い ○閉経後に太った……など。

これらが当てはまる人は、ぜひ一度乳がん検診を受けてください。40代、50代の女性と言えば子育てや仕事で忙しく、自分自身の健康管理は二の次にしてしまいがちですが、そんな世代の女性こそ自分の乳房をときどき触ってください。お風呂場で、体を石鹸で洗っているときに手で触ると、異変に気づきやすいとよく言われています。乳がんは自分自身の手で発見できるがんなのです。

浜尾さんもとても家族思いで、自分より家族第一という人だったそうです。「うちの嫁があてはまる」と思った男性読者の皆さん。ぜひこの本を見せて乳がん検診を勧めてあげてください。更年期障害だからと諦めて過ごし、不調を見逃して、はっきりとした自覚症状が出てから受診し、初めて乳がんが発見されたという女性は少なくありません。

大の相撲好きであったという浜尾さん。亡くなられた後の2018年九州場所では、久しぶりに日本人力士の貴景勝が優勝しました。天国で10年ぶりに再会した筑紫さんと、相撲界の未来について、熱く語り合っていることでしょう。

酒を手放さなかった辛口コラムニスト

勝《かつ》谷《や》誠《まさ》彦《ひこ》さん 57歳、肝不全

私は、痛みや苦しみの少ない最期、「平穏死」を謳い続けている町医者ですが、それと人の生き方はまったく別の話です。ときに過激すぎたりときに狂気であったりと、どうやっても平穏には生きられない人に、憧れや抗えない魅力を感じてしまうのも事実です。

私と同じ尼崎に生きたコラムニストの勝谷誠彦さんもそんなお一人です。２０１８年11月28日に尼崎市内の病院で死去。享年57。死因は、**重症型アルコール性肝炎**からの肝不全でした。

勝谷さんとは10年以上の付き合いでした。開業医をされていたお父様は昔、尼崎市内科医会の会長で、私がその何代か後に同職に就任した際、一番喜びいつも激励をしてくれた恩人です。そうしたご縁で誠彦さんと出会いました。

無頼派（もはや死語ですが）という言葉が似合う文筆家でした。見かけの強引さとは裏腹にとても繊細で几帳面な人。その頃から勝谷さんの酒量が気になっていましたが、それが仇《あだ》となってしまいました。

1960年12月6日生まれ、2018年11月28日没、享年57。コラムニスト。辛口で知られ、さまざまなメディアで活躍するも、うつ病、アルコール中毒などに悩まされた。

重症型アルコール性肝炎

日常的に飲酒している人は誰もがアルコール性肝炎になる可能性がある。治療はまず禁酒が原則だが、それでも呑み続けると「重症型」となり、100日以内に3人に1人が亡くなる。

アルコールを処理する臓器は右上腹部にある肝臓です。長年にわたってお酒を大量に飲み続けると、アルコール性慢性肝炎や脂肪肝を経てやがて肝硬変に至ります。これらを治す手立ては禁酒しかありません。それでもお酒を飲み続けると「劇症型肝炎」や「肝不全」となり、黄疸や腹水、肝性脳症や消化管出血などの合併症を呈します。そうなると急変して亡くなることも珍しくはありません。肝不全とは肝臓がほぼ働いていない状態です。するとアンモニアという毒素を肝臓で解毒できないため脳の働きが低下し、手をバタバタ振ったり興奮したり、最終的には意識レベルが低下してしまいます。

勝谷さんがこの病気で入院したのは2018年8月のこと。しかし奇跡的に回復し、10月には一旦退院しましたが、完全にお酒を断つことができず、隠れて飲んでいたようです。本当に悲しいことですが、彼の弱さだと責める気持ちにはなれません。依存症は脳の病気。彼に断酒ができるくらいなら、とうに筆を折っていたかもしれないなとも思います。

死の翌日、通夜の直前に葬儀場で対面させてもらいました。初めて見る穏やかな顔をして、2年前に父上を弔ったのと同じ場所で、勝谷さんは眠っていました。思えばあの頃から、彼の酒量は増えていたのでしょう。父上への愛着はとても強く、彼は父の死を振り返り以前こう書いていました。

「葬式の残念なところは、自分のそれを見て〝いや、大したものだな〟と思えないことだとあまりにくだらないがしみじみと感じた」

勝谷さん、お父上もそうでしたが、あなたの葬儀も大したものです。あんなに世間に悪態をついていたのに、こんなに大勢の人が死ぬなんて馬鹿だと泣いています。ホントに馬鹿ですよ。大好きでした。

いる若い乳がんの女性を２人、在宅で看取りました。最期まで会話ができていて、何か食べることができていました。管は１本もついていませんでした。20代、30代、40代の胃がんや大腸がん、肉腫、脳腫瘍の方も看取っています。がんの在宅看取りに年齢はまったく関係ないのです。在宅看取りに関係があるのは、本人の意志と家族の同意があるかないか、だけです。

一般的に若いほど、がん性疼痛は大きいものです。痛みを抑えるために必要な医療用麻薬の量は、年齢に反比例して増えます。薬の量だけではなく求められる緩和ケアのスキルも若い患者さんほど増えます。従って熟練した在宅医でないと若いがん患者さんの在宅看取りは難しく、難易度が上がるという側面はあると思います。同時に、訪問看護師に求められるスキルも上がります。そのため地域によっては、若いがん患者さんの在宅療養は困難なところがあるのかもしれません。小林麻央さんは東京の真ん中にお住まいでしたね。

在宅で看取れなかったことを後悔されているようですが、こればかりは仕方がないのではないでしょうか。病院や施設であっても、本人がそれを望み、家族が特に問題ないと感じていれば何も問題はないのではないか。あるいは今、そう思いやってあげること自体が、夫への大きな供養でもあるのではないかと思いました。今の後悔を次に活かす、ということは充分可能でしょう。

私が以上述べたことを他の家族や身内、周囲の人に伝えてください。できればその意思をリビングウイルとして文書に書いて残してください。病院中心で医療が回っている日本社会では、家で最期を迎える条件はまずリビングウイルを書くことから始まります。日本尊厳死協会なら2000円でリビングウイルを作成できます。その欄外に「自宅で平穏死したい」と自筆で書き加えておくとよいでしょう。いざというときに家族間でモメなくて済みます。

いずれにせよ、家で亡くなることが絶対に良いとは限りません。最期の場の選び方には多様性があっていいと思います。そして多くの場合、本人と家族の意志で選べることは知っておいてください。在宅主治医選びに関しては、病院任せにせずに自分で信頼できる医師を探してください。週刊朝日ムック『さいごまで自宅で看てくれるいいお医者さん』が役に立つかと思います。

小林麻央さんのことを思い出すたびに胸が苦しくなります。

40代女性です。2年前に胃がんで夫を亡くしました。ステージ4で見つかってから約10ヵ月の闘病でしたが、夫はずっと「自宅で死にたい」と言っていて、長尾先生の本も夫婦で読みました。私も、夫を自宅で看取る覚悟でいました。しかし、いよいよというときになり、がんセンターの緩和ケア医に相談したところ、「あなたが思うよりがんの看取りはずっと大変だ。がんを家で穏やかに看取れるのは、進行が緩やかな高齢者の患者さんの場合だけ。小さなお子さんもいるし、やめたほうがいい」と言われ、結局、一度も家に連れて帰ることができずに、緩和ケアセンターで看取りました。

夫は、家に帰れると最期まで思っていたかもしれません。「これでよかったんだ、仕方なかったんだ」と自分に言い聞かせるものの、小林麻央さんの記事や長尾先生の発言を読むと、悲しみと後悔に襲われます。あのとき病院の先生の言うことに逆らえばよかったのではないか、と。

在宅死がもてはやされる今、在宅で看取りたかったけどできなかった家族は、どう考えたら救われるのでしょうか。

A　多くのがんセンターの緩和ケア医は、在宅での平穏死を見たことがないのではないかと想像します。だからそのように言われたのでしょう。私の周囲でも同じようなことがよくあります。緩和ケア医ですらそうなのですから、がん治療医ならなおさら在宅現場を知りません。在宅ホスピスはまだまだ市民権を得ていないなあ、と感じています。私の経験と日常を少しお話ししましょう。

結論から申しますと、在宅でも若いがん患者さんを最期まで普通に診ています。進行の度合い、スピードとは関係ありません。家族が入院させない限り、看取り率は100%になります。私も小林麻央さんと同じような小さな子どもが

がん患者と医療者の橋渡しが最後の使命

西村元一《にしむらげんいち》さん　58歳、胃がん

1959年9月29日生まれ、2017年5月31日没、享年58。消化器外科医。大腸がんのスペシャリスト。がん患者と医療従事者が交流する「元ちゃんハウス」を金沢市内に設立。

自分と同じ歳の友人が死ぬということ……五十路を過ぎてもなお、友の訃報に慣れることはありません。悲しみのなかでこの原稿を書いています。尊敬する医師仲間であった西村元一さんが2017年5月31日に旅立ちました。58歳でした。この数年、がんになった外科医として、〈元ちゃん先生〉の愛称でメディアに多数登場していたので、ご存じの方も多いはず。

元ちゃんは、金沢市にある金沢赤十字病院の副院長であり、現役バリバリの外科医でした。2015年の3月、診療中に気の遠くなるような感覚に陥り、トイレで倒れます。その晩に検査を受け、翌朝、目覚めとともに胃がんを告げられました。リンパ節と肝臓への転移も認められ、治療をしなければ余命半年との診断でした。それまでは食欲旺盛で、特に自覚症状はなかったと言います。

元ちゃんは、大腸がん手術の専門医で、「せめて自分の専門分野でだけは命を落としたくない」と、大腸検査は毎年受けていましたが、胃の検査は6年ほど受けずじまいでした。多忙な医者

〈元ちゃんハウス〉

「がん患者が誰でも利用でき、自分を取り戻せるもう1軒の我が家を」をモットーにしたイギリスの〈マギーズセンター〉を目指して、金沢の街中に2016年12月にオープンさせた。

ほど自分の体には無頓着であったりします。私も似たようなものです。

さて、がん患者は、いつからがん患者になるのでしょう？　まるで禅問答ですが、答えは、告知をされたとき。がんは静かにゆっくり育つものですから、元ちゃんの体内にがんができたのは、おそらく10年以上も前。それでも告知のその日まで、がん患者ではなかった。一晩でがんの外科医からがん患者の立場になり、彼の人生は一変します。

それまでは意識しなかった医療の冷たさ、患者と医療者の距離感を身をもって体験し、「この境遇を利用して、がんと闘う人とその家族を勇気づけたい」と、２０１６年秋に、『余命半年、僕はこうして乗り越えた！』という本を出版しました。余命宣告を受けてから1年半後のことです。都内での出版記念イベントは、私とのトークライブでした。このとき、抗がん剤の副作用でかなり痩せられ、髪も抜けていましたが、肌艶は私よりもよく、気力に満ちていました。

「やらなければならないことがたくさんある。がんになって良かったとは思わないが、がんになったからこその出会いがあった。そして本まで出版できたのです」

秋晴れに似合う笑顔でした。

その後も、講演会やメディア出演を精力的にこなし、地元金沢に、がん患者同士が悩みを共有できる場所として〈元ちゃんハウス〉をオープン。どんな医者よりも忙しく、患者と向き合いながら自身の治療も続け、命を燃やし、完全燃焼して、逝きました。

「人生とは、予想外の連続。だから余命宣告より長生きできます」

がんになったことで、さらに医療者の高みに昇った元ちゃん。あなたのような人を、きっと名医と呼ぶのでしょう。友人であったことを一生誇りに思います。

逝けない不幸……最期の104日間

桑名正博《くわなまさひろ》さん

59歳、呼吸不全

1953年8月7日生まれ、2012年10月26日没、享年59。ミュージシャン、俳優。1979年にオリコン1位に輝いた「セクシャルバイオレットNo.1」で知られる。

延命治療をどこまで希望するか？　自分が終末期になったときの希望を、元気なうちに書面で明らかにしておくことをリビングウイル（以下ＬＷ）といいます。

私は日本尊厳死協会の副理事として、休日返上でＬＷの普及のため、全国を行脚する日々です。ＬＷにおいて、悩ましいのが遷延性意識障害《せんえんせいいしきしょうがい》になった場合です。

ミュージシャンの桑名正博さんの死から６年（２０１２年10月26日没　享年59）経ちました。これを機に、この問題を考えていきます。

桑名さんが突然倒れたのは同年７月。脳幹出血でした。脳幹は「いのちの座」とも呼ばれる最も神経線維が集中している場所。呼吸や心臓の動き、つまり生命活動そのものをコントロールしているため、ここに出血すると重篤になることが多く、仮に命が助かっても意識障害から回復しないことがあります。

遷延性意識障害とは、交通事故や脳幹出血などで、意思疎通ができずに寝たままの状態が３

リビングウイル

LIVING WILL。生前の意思という意味。自分の最期に、どこまで治療を望むかを元気なうちに記しておくこと。著者が副理事長を務める日本尊厳死協会はこの啓発を行っている。

ヵ月以上継続していることをいいます。かつては植物状態と呼んでいました。

桑名さんはその日、明け方まで自宅で仕事をしていたところ激しい頭痛に襲われ、救急車を呼びました。病院に着いたとき血圧は260まで上昇し、呼吸は停止した状態。余命は最大3日と告げられました。しかし、医者も驚くほどの生命力で余命宣告を乗り越えます。

かといって回復は不可能……奥さんと妹さんは早く逝かせてほしいと言ったそうですが、前妻アン・ルイスさんとの息子、美勇士《みゅうじ》さんは、「奇跡があるのなら賭けてみたい」と対立したそうです。LWはありませんでした。このように親族の意見が分かれた場合こそ、LWが尊重されます。本人の意思が明確であれば揉め事も回避されるのです。

しかし、脳幹出血等で突然倒れた場合はLWの尊重が難しいのも事実です。どこからが終末期なのか判断がつきにくいからです。先述のように3ヵ月意識が回復しないと遷延性意識障害と判断され、しかもLWの適応となるのは倒れてから6ヵ月以降と考えられています。

当初は奇跡を信じ、1日でも長く生きてほしいと望んだ美勇士さんも、父が倒れて2ヵ月後の週刊誌のインタビューで、「巨額の医療費をこれ以上払えない。逝けない不幸もある」と答えています。

結局、桑名さんの闘病は104日続きました。「この状態が2年も3年も続いたら…オヤジはそんな家族の気持ちをわかって旅立ってくれたんやと思う」と美勇士さん。

還暦になったら60回ライブをやると意気込んでいたのに、59歳で亡くなった桑名さん。実現していたら私も行っていたでしょう。『月のあかり』というバラードが好きでした。深夜の往診の帰路、あの歌を口ずさみながら見上げる月に無常を想う今日この頃です。

現役親方のまま去った角界のウルフ

千代《ち》の富《よ》士《ふ》貢《じ》さん　61歳、膵臓がん

1955年6月1日生まれ、2016年7月31日没、享年61。元大相撲力士。第58代横綱。ウルフの愛称で人気を博した。引退会見での「体力の限界」とのコメントで知られる。

千代の富士さん（九重親方と呼ぶのが正しいでしょうが、あえてこう呼ばせてください）の特集をテレビで見たのを、先日ふと思い出しました。たしか、一周忌追悼番組だったと思います。筋骨隆々、男でも惚れてしまうほど美しい全盛期の姿。完璧な肉体を保持していたこの人が、60代で病に倒れるとは、誰が想像したことでしょう。

彼の命を奪ったのは膵臓がんでした。私の同年代の友人も、ここ数年で何人かが膵臓がんで亡くなりました。著名人でもスティーブ・ジョブズさんや坂東三津五郎さん、竹田圭吾さん（28ページ）など、50代で逝った人の顔が思い出されます。

千代の富士さんは2015年6月、人間ドックでがんが発覚、すぐに手術のため1ヵ月の入院となりました。職務復帰しましたが、その姿は数ヵ月前の還暦土俵入りの雄姿とは別人のように痩せていたため、重病説が流れました。そして同年9月、膵臓がんを公表。「早期発見なので問題ない」と語っていたものの、実際は胃や肺などに複数の転移が判明していたのです。

『抗がん剤 10のやめどき』
2013年刊。抗がん剤治療のやめどきを間違えると、延命が縮命になってしまうこともある。自分で「やめどき」を考えて治療を進めてほしいという著者のメッセージが込められた一冊。

膵臓がんは他のがんに比べ発見しづらく、進行が早いことも特徴。手術が成功し一旦は完治したように見えても、再発の可能性が非常に高いのもこのがんの怖さです。

千代の富士さんは再発に対する抗がん剤治療を拒否し、四次元ピンポイント照射療法と呼ばれる特殊な放射線治療を選択します。この選択に対し医療界ではさまざまな意見が出ました。「抗がん剤をやっていたら生きられた」と主張する医師もいれば、「抗がん剤だけはするな」という医師もいます。私は抗がん剤自体を否定はしません。しかし、人それぞれに延命と縮命の分水嶺となる抗がん剤の「やめどき」があり、自分で見極めることが大切という考えです。『抗がん剤 10のやめどき』という本で詳しく述べています。

千代の富士のさん場合、完治を目指す状態ではありませんでした。ですから、彼の選択を後出しジャンケンのように評価するのはどうかと思います。一方「これでがんが消えた！」と高価な民間療法を勧める医療機関が存在するのも事実で、患者さんを惑わせて金儲けをしている医師には怒りを覚えます。

しかし、それすら理解した上で、お金も持っていて、治らないかもしれないが一縷の望みに賭けることもまた、患者さんの自由ではないかと思う面もあります。

千代の富士さんは、余命を覚悟した上でギリギリまで後進の指導を続けるため「抗がん剤はやらない」という選択をしたかと想像します。最後まで〝歴史上最も美しく、強い横綱〟として生きていたいという矜持《きょうじ》もあったことでしょう。２０１６年7月31日死去。61歳でした。

貴乃花に敗れた後の引退会見（１９９１年）でも、引き際の美を見せてくれましたよね。引き際とは、つまりやめどき。男の美学と言ったら女性陣から怒られるかもしれませんが……。

ユニーク力士の「男の孤独死」

板《いた》井《い》圭《けい》介《すけ》さん 62歳、死因不明

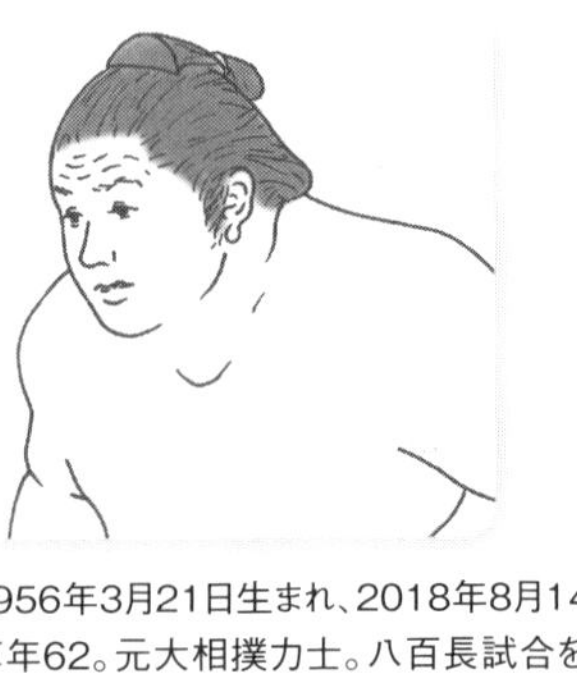

1956年3月21日生まれ、2018年8月14日没、享年62。元大相撲力士。八百長試合を告発し、角界浄化に一役買ったことで知られる元小結。

前ページで、61歳で亡くなられた千代の富士さん（九重親方）の死について書きました。元力士の訃報を聞くたび、若いなあ……と感じることが多いです。

一説によれば、幕内を経験された力士の平均寿命は62～63歳なのだとか。日本人男性の平均寿命は現在80歳を超えていますから、20歳近くも早死にしていることになります。

たとえば２０１５年に亡くなられた元横綱北の湖さんは62歳、２００５年に亡くなられた初代貴乃花さん（花田虎上さん、光司さんの父）は55歳での旅立ちでした。

なぜ力士は短命なのか？

その理由はやはり**肥満**にあります。肥満は糖尿病や動脈硬化の一番のリスクです。

糖尿病になると、がんになる確率はそうでない人と比べて1・2倍になります。特に大腸がんでは１・4倍。千代の富士さんの命を奪った膵臓がんにおいては、１・85倍もの確率になることは知っておいてください。現役時代は、たらふく食べて身体を大きくしなければ強くなれ

肥満のリスク

医学的には、肥満になると主に5つのリスクが挙げられる。心臓への負担、腰や膝への負担、睡眠時無呼吸症候群、生活習慣病(高脂血症や高血圧や糖尿病)、婦人科系の疾患など。

ない。しかし引退後、運動量が減ったときから病気のリスクが高まっていく……力士とは、命を賭した大変な職業だと思います。

80年代に活躍した元小結・板井圭介さんは、2018年8月14日に62歳の若さで亡くなりました。死因についての報道は見当たりませんが、突然死のようです。14日に元付け人が自宅で倒れているのを発見したとき、水道の蛇口から水が流れ続けていたといいます。

板井さんは一人暮らしでした。ここ数年は糖尿病を患い、心臓にはペースメーカーも入れており、働くこともままならなかったようです。14日、病院の予約の時間に来ないことを心配した元付け人が自宅を訪れたことから、死亡が確認されました。

私は、『男の孤独死』という本を2017年に執筆しました。孤独死のリスクは60代の独居男性に高いことがわかっています。孤独死とは、その多くが突然死です。つまりピンピンコロリとほぼ同義。「ピンピンコロリと逝きたいが孤独死は嫌だ」というのは、ある意味、矛盾した考えなのです。

ただし、早めに誰かに見つけてはもらいたい。そのためには、やはり日頃の人づきあいが大切。板井さんの場合、すぐに付け人が見つけてくれたようですから、不幸な死とは言えないでしょう。

現役時代、本名のまま土俵に上がり続けるなど、ユニークな逸話がいろいろ残っている板井さん。

親方からは「板井」は「痛い」を連想させ縁起が悪いので四股名を名乗るよう強く勧められたそうですが、頑として本名にこだわって闘い続けました。しかしその最期はピンピンコロリ、「痛くない死に方」だったのではと想像します。

永遠に若さを失わない
アイドルのなかのアイドル

西《さい》城《じょう》秀《ひで》樹《き》さん　63歳、急性心不全

1955年4月13日生まれ、2018年5月16日没、享年63。歌手。1972年デビュー、キャッチフレーズ「ワイルドな17歳」。郷ひろみ、野口五郎とともに「新御三家」と呼ばれた。

私事ですが２０１８年夏、還暦を迎えるにあたり生前葬を行いました。ここまで生かしていただいた皆様への感謝の会です。「カズヒロ、カンレキ！　カンゲキ！」と書いたその案内状が刷り上がってきた日、西城秀樹さんの訃報が飛び込んできました。２０１８年5月16日、急性心不全で逝去。63歳でした。

その夜、三宮の繁華街を歩いていたら、方々から聞こえてきたのは、「ヤングマン」と「傷だらけのローラ」。この瞬間、日本中で何千、いや何万という人が秀樹さんの曲をカラオケで歌っている……これって「国民葬」じゃないか！　気づけば私も、夜更けの街角で秀樹さんの歌を口ずさんでいました。

二度の脳梗塞の後遺症と闘い続けた秀樹さんの見事な生き方は、すでにさまざまな報道でご存じかと思いますので、ここでは脳梗塞とリハビリに焦点を当ててお話ししましょう。

脳梗塞とは脳の血管が詰まる疾患です。脳内出血や、くも膜下出血などと合わせて脳卒中と

脳梗塞の治療

脳梗塞を発症したかなと思ったら、とにかく救急車を呼ぶなどして、すぐに治療を受けること。発症してから4〜5時間以内であれば、血栓を溶かす治療法があり、高い効果が期待できる。

総称されます。我が国の脳血管疾患の総患者数は約118万人（平成26年度）。この内、脳梗塞が約7割を占めています。

脳梗塞の治療は時間との闘いです。めまいやふらつき、手足の痺れや脱力感、急に言葉が出なくなる、物が二重に見えるなどいつもと違うなと思ったときは、直ちに脳外科のある病院に行き、正確な診断と最新治療を受けてください。最近は心房細動に由来する脳塞栓症に対し、カテーテルによる血栓回収療法ができる時代になりました。

脳梗塞は、寝たきりになる原因の第一位と言われています。早期からリハビリを行うことで後のＱＯＬが大きく変わります。後遺症を克服して社会復帰する人もいます。

でも「こんなに頑張っても、治らないのか」と途中で挫折したり、苛立ちのあまり家族と衝突する人もいます。大切なのは、リハビリ専門医や理学療法士などの専門スタッフについて、二人三脚で根気よく続けることです。

秀樹さんは、２００３年に一度目、２０１１年に二度目の脳梗塞になりました。「二度目のときはもう死にたいと思った」そうですが、それでも「もう一度ステージに立ちたい」という想いから、相当ハードなリハビリを続けていました。1日3時間、週5日通われていたときもあったとか。

その様子をあえてテレビで何度も見せたのは、同じようにリハビリを続けている人に希望を持ってほしかったからだといいます。

歌っているときも、リハビリのときも、一生懸命な姿を隠さない人でした。63歳とは早すぎますが、「命を完全燃焼させた」ようにもお見受けします。またリハビリの大切さを知らしめてくれたことには医師として感謝するばかりです。

どんな状況でも人生を楽しんだ名バイプレーヤー

角替和枝《つのがえかずえ》さん　64歳、原発不明がん

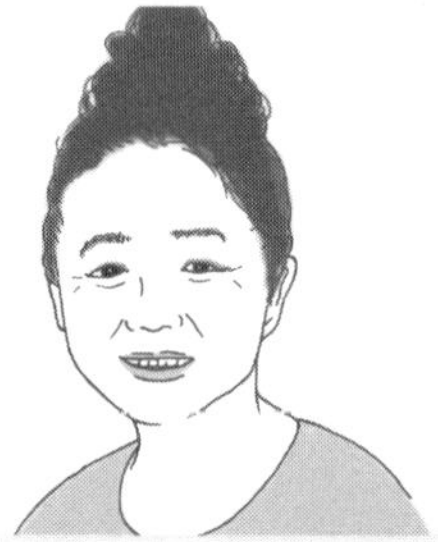

1954年10月21日生まれ、2018年10月27日没、享年64。女優。劇団東京乾電池所属。夫は俳優の柄本明。さまざまなドラマ、映画、舞台で活躍する名脇役として知られる。

「あーー　恋がしてーー!!!」

２０１８年5月、女優の角替和枝さんが自身のTwitterに吐露した叫び（?）です。これから半年足らずの10月27日、角替さんは自宅で亡くなりました。享年64。死因は原発不明がんと報道されました。

知人から、「私はがんです」と告白されたら、まず、「どこのがん?」と訊ねるでしょう。しかしがんの原発巣がわからないがんも存在するのです、「原発不明がん」と呼びます。

転移巣のほうが先に発見され、いくら検査しても原発巣がわからないことがあります。転移巣を形成した後に、原発巣が何らかの理由で小さくなったり、消えてしまったりしたことなどが考えられます。現在、がん全体の３〜５％が原発不明です。２００４年に亡くなった、いかりや長介さんも、死因は「原発不明頸部リンパ節がん」でした。

がんの素性がわからないまま死に至る人もいますが、解剖などでのちに原発臓器が判明する

免疫チェックポイント阻害薬

2019年現在、原発不明がんには特定の治療法がなく、いくつかの抗がん剤を組み合わせている。免疫チェックポイント阻害薬に関しては2018年よりニボルマブの治験が開始された。

ケースもあります。統計では肺がんや膵臓がんが原発巣であることが多いようです。

もし原発巣を探し当てれば治療方針が確定できますが、転移巣が進行するなか、その時間がもったいないので、抗がん剤治療を開始することがあります。しかし、原発不明がんに関しては保険適応を有する抗がん剤が存在しないことが悩ましい現実です。話題の**免疫チェックポイント阻害薬**の治験が初の保険適応を目指して近く始まるそうです。

二人に一人ががんになる時代とはいえ、いざがんを宣告されると大きな精神的ダメージを受けます。それが原発不明となると、既にあちこちに転移巣があるのに親元がさっぱりわからないということで、輪をかけてストレスが大きくなります。この病気では何よりもストレス緩和を心掛けてほしいものです。私も原発不明がんの人の終末期在宅ケアに関わるときには、メンタル面のケアにより重点を置きます。

角替さんの先のTwitterなどを見ると、ご主人で俳優の柄本明さんをはじめ、役者一家の皆さんが和気あいあい、仲睦まじかった様子が垣間見えます。先の「恋がしてー！」も、家族仲が良かったからこそ呟けたものでしょう。

明るくてぶっとんだ彼女のツイートは、以前より話題になっていました。がんが発覚したと思われる2017年夏頃にはこんな呟きも。

「屈辱記念日！　チョーイケメンの医者にケツの穴を見られた！」

「順天堂ヤバ！　イケメン医者だらけやんけ！　有難や有難や！」

常に明るく、前向きな方でした。芝居が好きで、家族が好きで、冗談好きで……どんな状況でも人生を楽しむというポリシーを持った強い女優さんだったとお察しします。

ジャズと出会って幸せを掴んだピアニスト

佐《さ》山《やま》雅《まさ》弘《ひろ》さん　64歳、胃がん

〈このお手紙がお手元に届く時、僕はこの世におりませんが、長きに亘ってのお付き合いにお礼を言いたくて家人に託しました（中略）

まことに人生は出会いであります。「君の身体は君の食べたモノでできている」と言いますが、まったく同様に僕という者は僕が出会った人々でできているのだとしみじみ実感したことです。その出会いを皆様にあらためて感謝しつつ、今後益々の良き日日を祈りながらお別れをします。ありがとう、さようなら〉

２０１８年11月14日に亡くなられた日本を代表するジャズピアニスト、佐山雅弘さんが残したメッセージです。享年64。死因は胃がんでした。

仕事柄、多くの人の遺言を見てきましたが、これほど爽やかで屈託ない手紙を読んだことはありません。「自分は自分で出会った人でできている」。医者には言えない名言です。私の地元、兵庫県尼崎市出身ということもあり、誇らしささえ感じました。

1953年11月26日生まれ、2018年11月14日没、享年64。ジャズピアニスト、作曲家。ジャズ以外のジャンルのアーティストとも多数共演し、幅広く活躍した。

逆流性食道炎

逆流性食道炎の主な症状は胸やけ。酸っぱい水が喉まで上がってくるという人も。自覚症状があったらすぐに検査を。内視鏡にて、同時に食道がん、胃がんの検査も行うのが望ましい。

佐山さんが身体に異変を感じたのは2014年8月。急激に食事量が減り、近くのクリニックを受診すると、逆流性食道炎との診断。しかし10キロも痩せたことに疑問を覚え、別の医療機関で胃カメラ、CT、PETと検査を重ねましたが病態が明らかにならない。結局、開腹しないとわからないとの説明で、11月4日に開腹手術。結果はスキルス胃がんでした。胃の3分の2を摘出しました。どうしてそこまで見つからないの？　と思う人もいるかもしれませんが、これがスキルス胃がんの怖さです。胃壁の内側を這うようにしてがんが広がるため、早期発見が難しく、健診では見落とされる場合があります。しかし佐山さんの場合は、食欲不振などの自覚症状があったため、比較的早期のステージ2の段階で発見されたのでしょう。

食べることが大好きだったようで、音楽と同じくらい食と酒についてもブログに綴っていました。がんになった後も、ときどきお酒も飲まれていたようで、美味しいものと友達、そして音楽があれば人生は幸せだ、というメッセージは心に響きます。

2015年5月、腸閉塞のため再手術。抗がん剤治療も続けていたようですが、あくまでも音楽活動やQOLを優先したがん闘病でした。ブログを読むかぎり、濃厚な医療は受けていなかったようです。しかし迫りくる「死」を明確に意識していたことは、先の手紙を準備していたことからも想像できます。

亡くなる3ヵ月前に行われたソロライブ映像を視聴しながらこの原稿を書いています。美しく跳ねるような音色は少しも死を予感させません。弾いている佐山さんは終始笑顔です。『自由への賛歌』という曲が佐山さんのお気に入りでした。彼の魂は今この瞬間も、自由にピアノを奏でているのではないでしょうか。

ミステリアスなベールの向こうの儚く悲しみに満ちた声

森《もり》田《た》童《どう》子《じ》さん 65歳、死因不明

亡くなられた方々の生き様、病との向き合い方から、生きる希望を見出そうと始めたこの執筆。以前より新聞のおくやみ欄や芸能ニュースを丁寧にチェックするようになりました。そして、今回ほど情報の少ない訃報は初めてだと感じました。

フォークソング歌手、森田童子さんが２０１８年4月24日に亡くなっていました。享年65。死因は心不全との報道も一部ありましたが、詳細はわかりません。

１９７５年にデビューし、83年には引退しているので、リアルタイムで知っている人は少ないかも。しかし、93年放送のドラマ『高校教師』（ＴＢＳ系）の主題歌『ぼくたちの失敗』が大ヒットし、社会現象にまでなりました。私も当時、森田さんの声を聴きたいがため『高校教師』にチャンネルを合わせました。彼女の歌からは「死」の匂いがしました。生と死の境界線を漂いながら歌を作っているように思えました。たしかデビュー曲の『さよならぼくのともだち』も、学生運動で亡くなった友人のために作ったものだと聞いています。

1953年1月15日生まれ、2018年4月24日没、享年65。シンガーソングライター。1993年のドラマ「高校教師」に採用された1976年のシングル「ぼくたちの失敗」で知られる。

「リビングウイルノート」
『日本尊厳死協会の これで安心 最期の望みをかなえるリビングウイルノート』。2019年1月刊。尊厳死協会が監修した初の書き込み式ノート。医療情報も満載。お求めはお近くの書店で。

男性か女性かもよくわからない。レコードジャケットに映る顔も、大きなサングラスで隠されていてよくわからぬまま、春の木漏れ日の中で……と『ぼくたちの失敗』が街角に流れます。おそらくこの時期、レコード会社の人たちは何度も森田さんにテレビ出演のお願いをしたことでしょう。しかし森田さんは、首を縦には振らなかった。引退後は専業主婦として暮らし、生涯を閉じたのです。「ひっそりと人生の幕を降ろす」という表現がぴったりな最期だと思いました。

誰もがSNSで情報発信ができる時代、ひっそりと死ぬことが極めて難しくなっています。「いいね」を押されることに無意識の快感を覚え、承認欲求を持て余している人が増えるなか、死までもが「いいね」のカウントで消費されていく……家族の死と弔いの過程をSNSで実況中継している人も珍しくはありません。それが良いことか悪いことかはさておき、誰にも干渉されず、そっと生きて、そっと死にたい人もいるのだと森田さんが教えてくれたような気がしました（ここにご登場いただくのも無粋ですよね、すみません……）。

さて、私が副理事を務める日本尊厳死協会は、2019年の1月に、「リビングウイルノート」を作成しました。リビングウイルとは、生前の遺言のこと。巷のエンディングノートが「死んだ後どうしてほしいか」を主眼にしたものであるのに対し、リビングウイルノートは、「どのように人生を終わらせたいか」を主眼にして編集しています。

きっと森田さんは「私の死の詳細を公表しないで」という強い意思を、家族や周囲に表明し協力してもらったのだと想像します。

己の闘病や死を、どこまでSNS等で公表してほしいか否かも、事前に意思表示しなければならない時代になってきました。

直前まで演じ続けた名優の予期せぬ死

大杉《おおすぎ》漣《れん》さん 66歳、急性心不全

1951年9月27日生まれ、2018年2月21日没、享年66。俳優。北野武監督に見出され、さまざまな役柄を演じることから「300の顔を持つ男」と称される名バイプレーヤー。

「俺が生かして、俺が死なせたみたいな感じ。申し訳ないと思ってさ」。

これはビートたけしさんが、俳優・大杉漣さんの死を受けて、司会を務めるテレビ番組で呟いた言葉です。涙を堪えるのに必死なように見えました。

たけしさんと大杉さんの出会いは、１９９３年の映画『ソナチネ』でのオーディション。まだ無名だった大杉さんは時間を間違えて1時間の遅刻。しかし、たった数秒間顔を見ただけで、たけし監督の勘が働き、大杉さんの起用を決めたといいます。そこから大杉さんは北野映画には欠かせない存在となり、テレビや映画に引っ張りだこの人気俳優にまで上りつめました。

先のたけしさんの言葉には、「俺があのとき採用しなかったら、こんな忙しい俳優になることもなく、早く逝くこともなかったんじゃないか」という想いが込められていたようです。

大杉さんが体調不良を訴えたのは、千葉県内でドラマの撮影が終わり、共演者らと食事をとり、午後11時頃に部屋に戻った後でした。腹痛を訴えていたそうです。共演者の松重豊さんら

放散痛
病気になった臓器とは離れた場所が痛む症状を、「関連痛」「放散痛」と呼ぶ。心筋梗塞になった場合は左肩や首、顎が痛むこともある。疾患とは別の専門科に行って誤診されることも多い。

が付き添って最寄りの病院へ行きました。そして、駆けつけた共演者やご家族に見守られるなか、日付の変わった２０１８年2月21日の未明に息を引き取りました。享年66。死因は急性心不全とのことです。

「大杉さんは、胸痛ではなく腹痛を訴えていたのになぜ、心臓だったのか？」と疑問に思われた人も多いでしょう。しかし、これは決して珍しいケースではないように感じます。

一般的に「みぞおちが痛い」という訴えで受診される患者さんのなかには、急性心筋梗塞が混じっています。あるいは突然の背部痛なら大動脈解離のことも。このように病む臓器から少し離れている場所が痛むことを「放散痛」と言います。これに気づかずに胃内視鏡など消化器の検査をしている間に、取り返しがつかなくなることもあります。急性心筋梗塞では肩や腕、腰の痛みを訴える人もいます。若い人なら耐え難い、尋常ではない痛みや圧迫感を訴えることも。心筋梗塞が胸痛とは限らず、上腹部痛を起こす場合もあることは知っておいてください。医師はその痛みが「今まで経験したことがないような痛みか」、「脂汗をかいているか」と問診します。

さて、たけしさんは「俺が死なせたみたいだ」と嘆かれましたが、大好きな役者仲間に囲まれて、仕事の最中に亡くなられた大杉さんは、素晴らしい俳優人生を送られたとも言えるでしょう。

役者は二度死ぬ、とよく言われます（役者だけでなく誰でもそうかもしれませんが……）。一度目は肉体が滅んだとき。二度目は、誰からも忘れ去られたとき。そう考えると、多くの人から愛され、人々の心に残る演技をされた大杉漣さんの二度目の死は、まだ遠い未来にあるのではないでしょうか。

キレのよい語り口調で江戸っ子の心意気を語った

立川左談次《たてかわさだんじ》さん 67歳、食道がん

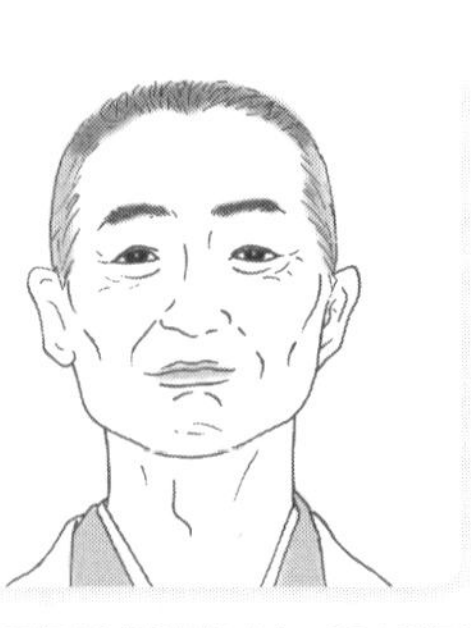

1950年12月2日生まれ、2018年3月19日没、享年67。落語家。1968年立川談志に入門、1982年真打に昇進。正統派の江戸落語がベース。亡くなる直前まで高座に上がった。

「Dr.和の町医者日記」として、かれこれ10年以上も私はブログを書いています。日々の出会い、患者さんとの一期一会、ときには医療に対する怒りなども書きます。

多忙で数日怠ると、「長尾先生、死んだの?」とコメントが寄せられることも……。そこでふと考えます。もし私が突然死したら、このブログはどうなるんやろ、と。最近は**デジタル生前整理**なる言葉まであるらしいですね。

さて、落語家の立川左談次さんが２０１８年3月19日に亡くなられました。67歳、食道がんでした。がんを公表したのは２０１６年8月。左談次さんは、闘病中の日々を隠すことなく、Twitterで報告していました。以下は彼の呟きから。

「Twitterで病気を公表したら『いいね』『いいね』の嵐で思わず『よかねえやい!』と叫んだ、ってのはネタですからネタ……」

「抗がん剤治療開始。ナーバスか、足もとはコンバース」

デジタル生前整理

ブログやフェイスブックなど、家族にも知られたくない情報がパソコン上にある人も多いだろう。万が一のとき、家族がパソコンを開いたと認識したら自動的にデータが削除されるソフトもある。

「大丈夫、命を削るような気で落語は演って無いから、むしろ寿命というモノを伸ばすために高座に上がっているのだ。ってのも図々しいか（笑）」

　思わずニヤリとしてしまう、飄々とした呟きの数々。ときには、抗がん剤の副作用で毛のなくなった頭のアップの写真も投稿するサービス精神です。

「今日は病院から末廣亭《すえひろてぃ》に直行」と呟く日もあり、がんになってからも精力的に高座に上がっていたことがわかります。お客の笑顔を見るのが好きなので、闘病の息抜きになるとも語っています。公表から1年が経った頃には、

「今日は耳鼻咽喉科、眼科、ＣＴ検査、食道外科の４軒掛け持ち、寄席なら売れっ子だね～だけど。さっ出陣！」

　と呟いていますが、声が出にくくなっていたようです。食道がんが進行すると、咳や血痰が出たり声がかすれたりすることもあります。食道のすぐ隣に気管や声を調節している神経があり、がんが大きくなると呼吸器にも影響するのです。

　それでも左談次さんは試行錯誤の末、サイレント落語と称して、間だけで笑わせたり、紙芝居を取り入れたりして、落語を続行。最後に治療のことを呟いたのは、死の1ヵ月前。

「20日間4週間よくぞ通い切った放射線治療。（中略）精神的にきつかった副作用も収まらないが、仲間の笑顔を見る為なら、なんて事ぁない瑣末なことよ。今日は休養して又新たな挑戦を始めるよ…」

　どこまでも前向きな発信は、落語ファンだけでなく、闘病中の多くの人の励みにもなっていました。死後もなお、人を笑わせ、励ます左談次さんの生の言葉。デジタル生前整理なんて不要な人でした。

家族がいても孤独死することはある

阿《あ》藤《とう》快《かい》さん 69歳、胸部大動脈瘤破裂

1946年11月14日生まれ、2015年11月14日没、享年69。俳優、タレント、リポーター。個性派俳優として知られる傍ら、旅番組、グルメ番組などでも活躍した。

「孤独死」という言葉が頻繁に取りざたされるようになりました。死後の片づけ費用を補償する**孤独死（孤立死）保険**もあるそうですね。元アイドルの川越美和さん（18ページ）の孤独死について書かせていただいたとき、ネット上では大変な反響がありました。「私も川越さんのようになるのかな……」とシングルの女性からの不安の声も多く上がりました。

孤独死に医学的定義はありません。ここでは〝誰にも看取られなかった死〟と定義してお話しします。東京都監察医務院の統計によれば、誰にも看取られなかった死として警察に届けられたケースは、7割が男性ということです。

つまり、在宅医療をお願いしておけば、孤独死は回避できる。だけど考えてみれば、私の在宅患者さんも独居の方はほぼ女性……男性は死ぬまで医者嫌いという人も多く、女性に比べると他人の世話になるのを嫌がる傾向にあるので、自ずと孤独死リスクが高くなってしまうのです。

孤独死保険

孤独死保険とは、主に賃貸住宅の大家さん向けに作られた商品。住人が孤独死した部屋の遺品整理や清掃、家賃の補填などを補償する少額短期保険となる。大手保険会社も続々と参入中。

男性の孤独死と言えば、個性派俳優として知られた阿藤快さんの死が思い出されます。2015年11月14日没、69歳でした。阿藤さんは既婚者でした。しかし家族と住む家とは別に個人で使うマンションを持っていて、そこで亡くなったのです。

半分仕事場として隠れ家を持つことは男の夢でもあり、阿藤さんのような生活を送っている男性は意外に多いのではと想像します。

阿藤さんは11月14日が誕生日でした。この日にお祝いメールを送ったものの、返信がなかったことを不審に思った事務所関係者が、ご家族に連絡。2日後に一緒にマンションの鍵を開けて入ったところ、ベッドで冷たくなっている阿藤さんを発見しました。

死後二日が経過していたということですから、69歳の誕生日に亡くなったのです。

死因は胸部大動脈瘤破裂。数日前には「背中が痛い」と言っていたそうなので、多少の自覚症状はあったようですが、暴れたり、苦しんだりした様子はなかったといいます。大動脈瘤はサイレントキラーと呼ばれるほど、自覚症状がなく進みます。緊急手術による救命率は10～20%程度。阿藤さんも死の直前までゴルフを楽しみ、バリバリ仕事をこなしていました。

孤独死は、そのほとんどが血管などの病気からくる突然死です。医療のお世話にならずに死ねたということはつまり、多くの日本人が憧れる「ピンピンコロリ」なのです。それなのに、昨今メディアが孤独死の恐怖を煽《あお》り過ぎている気もします。大切なのは頻繁にメールや電話ができる相手を3人以上持つことでしょうか。そうすれば、数日内に誰かが見つけてくれます。生まれるときも死ぬときも、人は皆、ひとり。必要以上に怖がることはありません。

クールでニヒル、セクシーで物憂げな魅力をたたえた

根津甚八《ねづじんぱち》さん 69歳、肺炎

元俳優の根津甚八さんがひっそりと息を引き取ったのは、２０１６年12月29日のことでした。年末の華やぎのなかで、この訃報を知らずにいた人も多くいるのではないでしょうか。

事務所の発表によれば、死因は深部静脈血栓症及び肺塞栓症に続く肺炎。まだ69歳でした。実は、その6年前に芸能界を静かに引退していたそうです。

根津さんは１９６９年、唐十郎《からじゅうろう》さんが率いる〈状況劇場〉に入団。70年代に入ると、『影武者』や『乱』といった黒澤作品や、さまざまなヤクザ映画で重要な役どころを演じるようになりました。相手を射るような目線の陰ある二枚目ぶりに、女性たちは釘づけになりました。いえ、男から見ても本当にカッコよくて渋い役者さんでした。

しかし、２００１年頃に右目の下直筋《かちょくきん》肥大という病魔に襲われます。眼を動かす筋肉の異常です。目の周囲の筋肉が肥大することで、視神経が圧迫され、視力低下、視野障害などが起こります。**甲状腺疾患**から、この病気を発症する人が多いようです。

1947年12月1日生まれ、2016年12月29日没、享年69。俳優。演出家。多数の作品で二枚目俳優として活躍した。うつ病、椎間板ヘルニアなどさまざまな病魔と戦った。

甲状腺疾患

甲状腺機能が低下すると、全身のさまざまな機能が低下する。精神機能が低下した場合、眠気や記憶障害、抑うつ状態が起きる。目の周囲の筋肉が炎症を起こした場合は甲状腺眼症に。

根津さんの場合は、ものが二重に見える複視という症状に悩まされていたようです。眼球突出なども あり顔つきも変わってくるため、俳優さんにとっては、とても厄介な病と言えるでしょう。根津さんは、手術を6回繰り返しましたが、思うように顔つきが回復しなかったという情報もあります。役者の命である顔が思うように動かないとは、どれほど苦しい日々だったでしょうか。次第にうつ症状に悩まされます。

なんとか持ち直してきた２００４年に、人身事故を起こしてしまい、被害者男性は死亡。視力低下が関係していたかどうかは不明ですが、このとき心に負った傷が、役者復帰を絶望的にさせたのは間違いないようです。

一つの病気や事故がきっかけで、ドミノ倒しのように病や悲劇が重なり人生が暗転していく例は実は少なくありません。自分の力ではどうしようもないときが人生にはあります。

根津さんはとても繊細で寡黙な人だったといいますから、苦しみを言葉にできず、トンネルに入り込んでいくような晩年を過ごしたのかもしれません。もし、信頼できるかかりつけ医が傍にいたら、その痛みを軽くできたのではないか……。病気からくる、あらゆる悩みを受け止める存在こそが、かかりつけ医なのです。

その後も体調は思わしくなく、引退から6年後、奥様とお子さんに見守られながらの旅立ちでした。

ちなみに彼の芸名は、真田十勇士からつけられました。真田の根津甚八は、大阪夏の陣で壮絶な死を遂げています。人生の「夏」の時代に力強く咲ききって、人よりも早く花を終わらす。孤高のヒマワリのような男の生き様です。

俳優人生を舞台で終えた孤高の人

中嶋《なかじま》しゅうさん 69歳、急性大動脈解離

1948年4月18日生まれ、2017年7月6日没、享年69。俳優。妻は女優の鷲尾真知子。劇団NFT所属。味のある演技で知られる。舞台上演中に客席に転落した。

降伏か？ 本土決戦か？ １９４５年８月14日から翌日の玉音放送までの間、天皇陛下と日本政府で何が起きていたのかを描いた『日本のいちばん長い日』。原田眞人監督の映画版に出てきた東条英機があまりにもそっくりで、その鬼気迫る演技にこの俳優は一体誰なんだと気になり、中嶋しゅうさんだと知りました。そして、『影武者』や『乱』など、黒澤映画の常連だったことも。テレビを見ているだけではなかなか知る機会を得ない名優・怪優が、実はたくさんいますよね。中嶋しゅうさんもその一人でしょう。

中嶋さんは２０１８年７月６日、舞台『アザー・デザート・シティーズ』初日、公演開始より70分が経過した午後８時10分頃、座った状態から立ち上がって演技をする際、バランスを崩して１メートル下の客席に転倒しました。直後、いびきをかいていたそうです。救急車で病院へ搬送されましたが、午後10時頃、死亡確認となりました。享年69。

死因は急性大動脈解離。つまり、うっかり転倒したのではなく、突然致命的事態が起こり、

背中に耐えがたい痛み

背中の痛みのほかに、次のような症状があった場合は、大動脈に異常が起きていることがあるので早めに医療機関を受診してほしい。・胸の痛み ・顔のむくみ ・咳や息切れ、しわがれ声

意識を失った結果の転落だったと思われます。

大動脈とは、体内にある最大の動脈のこと。心臓の左心室から出て、全身に血液を送り出す動脈の本幹である、言わば主幹道路のような役割です。その血管の壁は、バームクーヘンのように三層構造をしています。

大動脈解離とは、この内側の壁に亀裂が入り、壁が剥がれることによって血液の通りを妨げたり、血管が破裂してしまったりすること。土砂崩れが起きて、主幹道路が閉鎖されたイメージです。これにより、脳梗塞や消化管壊死など、致命的な合併症を急激に引き起こすのです。高血圧の人は圧倒的に解離のリスクが高いことがわかっています。

突然、**背中に耐えがたい痛み**を感じるのがこの病気の特徴です。ある調査では大動脈解離を発症した人の6割が、病院到着前に死亡していたそうです。心臓に近いところで解離が発症する方が短時間で急激に悪化します。

発生した場所によって外科手術かカテーテルによる内科的治療か、治療方法も変わってきます。中嶋さんの訃報を知ったとき、先日、ご縁あって梅沢富美男さんと一献したときに伺った話を思い出しました。天才子役だった梅沢さんは、何があっても舞台に穴を開けてはならぬとお母様に言われて育ちました。「舞台で死ぬのが役者の本望です」と笑っておられた。

急激に襲った痛みを堪えに堪えて演技をし続け、舞台で絶命した中嶋しゅうさん。その翌日、気丈に舞台をこなした妻で女優の鷲尾真知子さん。この男女は、夫婦である前に、舞台という戦場の同志であったに違いありません。素敵な二人を想いながら今、私の胸に『夢芝居』がリフレインしています。

人々の苦しみをケアした僧侶医師

田中雅博《たなかまさひろ》さん 70歳、膵臓がん

1946年生まれ、2017年3月21日没、享年70。医師。僧侶。東京慈恵会医科大学を卒業後、住職となり、実家の寺を継ぎ、境内に入院施設を備え、緩和ケアにあたった。

「なんで医者なのに、死ぬ話ばかり書いているんだ?」と、訊かれることがあります。「医者は病気を治すのが仕事だろう? 死のことなんて、お坊さんに任せておけばいいんだよ」と皮肉まじりに。

果たして本当にそうでしょうか。死と向き合わない医療者があまりにも多いから、死の直前まで過剰な延命治療を続けた結果、余計に患者さんを苦しませてしまう。そんな現状を打破したくて「痛くない死に方」や「平穏死」と題した本を数冊書いてきました。死は、お坊さんだけの仕事ではなく、医者の仕事でもあると思うのですが。

そんな批判をいただくたび、思い出すお顔があります。医師と僧侶の二足の草鞋を履いたまま逝かれた田中雅博さん。内科医で、栃木県益子にある西明寺《さいみょうじ》の住職でした。テレビにもよく出演されていたのでご存じの方も多いでしょう。2017年3月21日、70歳で逝去。膵臓がんでした。

臨床宗教師
チャプレンの日本版。死期が迫った人やその家族に対して、宗教的勧誘を目的とせずに、相手の価値観や信仰を尊重しながら、苦悩や悲嘆を抱える人々に寄り添い、傾聴する宗教者のこと。

数年前、ある医学会のシンポジウムに一緒に登壇したことがご縁で、意気投合しました。「死ぬのが怖い」と訴えてくる患者さんにどんな言葉をかけたらいいのか？　正解のない問いを日々模索しているのだと言われる田中先生に、なんだか私と似ているなと感じました。

お寺の息子として生まれた田中さんは、父親の勧めもあり医学部に入り、１９７４年に国立がんセンターに入職しました。当時はがんの治療法も少なく、緩和ケアも充実しておらず、治る見込みのない進行がんの人を相手に日々絶望に暮れていたそうです。

「肉体的苦痛を抑えることは医者にできますが、いのちの苦しみ、いわゆるスピリチュアルペインを救うことは、医者にはできないと気がつきました」。

父親が医者になれと言った理由も、このあたりにあったのでしょうか。

そのお父様が亡くなった後、田中さんは大正大学に入学し直して仏教を学び、１９８３年に西明寺を継ぎます。そして7年後に、なんとお寺のなかに、普門院《ふもんいん》診療所を建てました。外来の診療だけではなく、緩和ケアを提供する19床の病棟を作り、介護施設と連携させたというから驚きです。東日本大震災以降は、**臨床宗教師**の育成活動も熱心に行っていました。

２０１４年にステージ４ｂの膵臓がんが見つかった後も、自らの闘病内容をすべて公にしながら、執筆活動や講演会などで、より精力的にいのちのケアにかかわっておられました。

「私の方が先ですよ」

と笑いながら、ギリギリまでがん患者さんの声を聞いていました。

普門院の普門とは、「すべての人に開かれている門」という意味があるそうです。死に医師も僧侶も関係ない。一人の人間として、目の前の患者さんの痛みと苦しみにただただ愚直に向き合えばいいのだ、と田中先生から教えられたような気がします。

声を失っても明るさは失わなかった見事な人生の〝千秋楽〟

輪《わ》島《じま》大《ひろ》士《し》さん　70歳、下咽頭がん

1948年1月11日生まれ、2018年10月8日没、享年70。元大相撲力士、第54代横綱。元プロレスラー。その実力だけでなく、破天荒な生き様でも知られた。

「千秋楽」という言葉の響きが好きです。語源については諸説ありますが、元々は雅楽の最後に演奏される曲名だったとか。

「秋」は「終」と同じ読みですね。私はこの言葉を目にするたび、「人生には千通りの終りがあるが、どの終りも楽しくあれ！」というイメージがなぜか浮かびます。

２０１８年10月８日に亡くなった第54代横綱輪島こと、輪島大士さんの葬儀が15日に行われました。享年70。葬儀には大勢の著名人が駆けつけ、故人の人脈の広さが伺えました。デーモン閣下が、『千秋楽』というオリジナル曲をアカペラで歌い、出棺時には通算勝ち星の数と同じ６７３個の金色の風船が空に舞いました。金色は輪島さんが好んだまわしの色でした。なんだか楽し気なお見送りに見えました。

輪島さんに**下咽頭がん**が見つかったのは、２０１３年秋のこと。すぐに切除手術を受け成功しましたが、声帯を失いました。

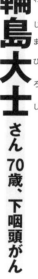

下咽頭がん

口腔・咽頭がんは、あらゆるがんのうち、喫煙による危険度がもっとも高いとされている。特に下咽頭がんは喫煙の影響が大きく、非喫煙者に比べてリスクが13倍というデータもある。

咽頭は鼻の奥から食道までの通り道となる部分です。上咽頭、中咽頭、下咽頭に分かれます。下咽頭は喉の一番奥の食道につながるところです。

下咽頭がんは、初期の頃は症状が出ないことが多く、発見時には6割以上の人が進行した状態という、やっかいながんです。また、3割近くの人に食道がんとの重複を認めます。

食べ物を飲み込むときに異物感がある、しみる、耳の周囲が痛む、声がかすれるなどの自覚症状があれば必ず受診してください。進行した下咽頭がんで手術可能な場合、多くは咽頭全摘手術となり、声帯を失うことになります。命と引き換えに声を失うことがどれほど辛いかは、経験した人でないとわからないでしょう。

しかし輪島さんは、声を失っても、持ち前の明るさを失うことはありませんでした。かつて不祥事で相撲協会を去り、プロレスラーに転身したにもかかわらず、多くの後輩力士から慕われて、筆談で気さくにアドバイスをするなど親身に相談に応じていたようです。

手術後も毎日のウォーキングをかかさず、２０１８年夏頃までは、ひとりで地元の商店街に出かけ、食事をすることもあったといいます。

死因は下咽頭がんと肺がんによる衰弱という報道ですが、自宅のソファでテレビを見ながら、座ったまま眠るように逝ったとのこと。「最期は誰にも迷惑をかけず、とてもいい顔でした」と奥様の談。

咽頭がんや肺がんの患者さんから、「このがんの最期は管だらけになって苦しいのでしょうか?」との質問を受けることが多いのですが、痛みのない平穏死が充分可能であることを、輪島さんが身をもって証明してくれました。

波乱万丈な人生を歩んだ名横綱の、見事な千秋楽でした。

死に近づく自己を観察した
言葉の魔術師

橋本《はしもと》 治《おさむ》さん 70歳、肺炎

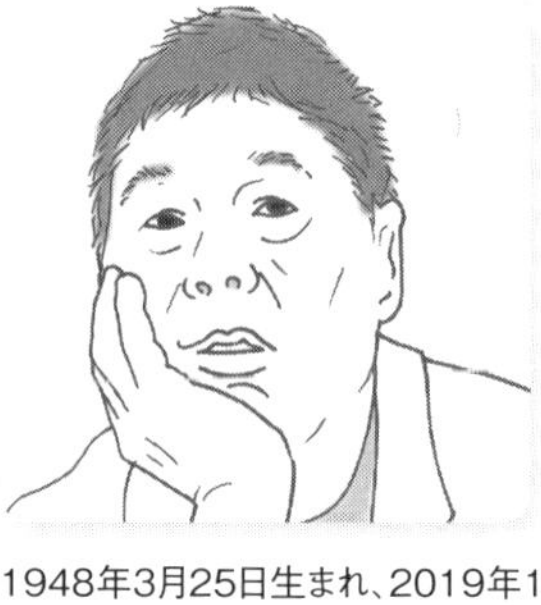

1948年3月25日生まれ、2019年1月29日没、享年70。小説家、評論家。イラストレーターを経て文筆業へ転身。古典文学を現代語訳する独自の手法で知られる。

脊椎《せきつい》カリエスの正岡子規が死の二日前までその闘病を綴った『病牀六尺』が出版されたのはもう百年以上も昔のこと。そして今、闘病記は文学における一つのジャンルとして確立しつつあります。

私も仕事柄、多くの闘病記を読みます。良い作品には、著者（話者）の客観的視点があるように思います。ただ感情にまかせて書いてみても、誰も読みません。どこか醒めた目で客観的に、死に近づきゆく自分を観察して書くことこそが、プロの仕事なのでしょう。

小説家で評論家の橋本治さんが、２０１９年1月29日に亡くなりました。70歳でした。死因は肺炎とのことですが、長く闘病をされていました。筑摩書房のＰＲ誌で橋本さんは「遠い地平、低い視点」というエッセイを連載されていて、ときおり、ご自身の病気にも触れていました。

その連載によれば、橋本さんは２０１０年に、「顕微鏡的多発血管炎」という原因不明の難

上顎洞がん

上顎洞は鼻腔の外下方に位置する最大の副鼻腔で、この粘膜に発生したがんのこと。初期はほぼ自覚症状がないが、副鼻腔炎と似た症状が出ることもある。耳鼻咽喉科で発見されることが多い。

病にかかっています。

これは、顕微鏡でなければ観察できないほど小さな血管に炎症が起きて、出血したり血栓ができたりする病気です。主に、毛細血管が多くある腎臓や肺、皮膚に大きなリスクを与えます。早期発見できないと、腎不全や呼吸器不全で命を落とすこともある難病です。

橋本さんは、投薬治療によってこの病気を寛解させました。しかし2018年、大変治療の難しい「上顎洞《じょうがくどう》がん」と診断されました。

〈頭蓋骨の眼の大きく穴の開いた空洞の下の部分―鼻の横のへっ込んだ部分が上顎洞で、ここに出来た癌です。牛で言う「牛頬肉ワイン煮込み」とか「ビール煮込み」の料理に使われる部分が癌です。もうこの先、そのテの料理は食べないでしょう〉(2018年10月号同連載より)。

発見時にはもうステージ4でした。しかし橋本さんは先の血管炎で腎機能が低下していたため、抗がん剤を使うことができず、がんの摘出手術を行うことになりました。顔の肉を切り取るのです。〈「ロン・パールマンが特殊メイクをして演じた顔をボロクソに殴られたボクサー」のようになりました〉(前同)。

どのがんが一番辛いか? と訊かれることがあります。どのがんもそれぞれ辛いよ、と答えますが、顔の一部を失うこのがんには、また別の悲しみと痛みが伴います。術後に鏡を見て衝撃を受け、そのままうつ状態となり自死する人もいます。

しかし、その後も橋本さんは、辛い放射線治療に耐えながら、書く仕事をやめませんでした。〈癌はどこかで「他人事の病」だった。だから私は癌をバカにして、「さっさと治る」と思っていた。しかし、癌はもう他人事ではない〉(前同)。一流の作家だから書けた病のリアリティ。もっとずっと、書いていてほしい人でした。

闘い抜いた〝男〟仙一、最期は平穏に

星《ほし》野《の》仙《せん》一《いち》さん 70歳、膵臓がん

1947年1月22日生まれ、2018年1月4日没、享年70。元プロ野球選手、監督、野球解説者。投手として活躍したのち、3球団、北京オリンピック野球日本代表の監督を務めた。

心から憧れていた人でした。名前の前に「男」とつけるのがこれほど似合う人はもう現れないでしょう。男・星野仙一が、流星が燃え尽きるようにして真冬の空に消えました。

そこで、星野さんの男の魅力の原点をいくつか探してみました……父親が不在だったこと、地元愛が強すぎたこと、そして大の負けず嫌い。そんな星野さんは、ごく近しい人にしか、がんであることを明かさないまま逝きました。

膵臓がんと診断されたのは亡くなる2年前の夏。急性膵炎がきっかけで、がんが発覚しました。膵臓は胃の後ろ側にあるタラコのような形をした臓器。血糖を下げるインスリンを分泌するとともに、食べ物の消化に必要な酵素を分泌するという二つの大切な役割を担っています。さまざまな内臓の陰に隠れて目立たない、しかし非常に重要な臓器です。

膵臓がんはほとんど無症状なため早期発見が困難ながんです。星野さんのように腹痛を伴う急性膵炎をきっかけにして発見されたときは、かなり進行した状態であることが多いのです。

医療用麻薬

がんの痛みの緩和に欠かせないのが医療用麻薬。モルヒネ、コデイン、オキシコドンやフェンタニル（貼付剤）等が使用される。適切に使用すれば中毒になることも命を縮めることもない。

アルコール、喫煙、糖尿病、脂肪摂取過多などが大きなリスクです。ハイリスクの人は早期発見のため、定期的に腹部エコーと腫瘍マーカーを測ることが大切。先に取り上げた九重親方（50ページ）や竹田圭吾さん（28ページ）も膵臓がんでした。

星野さんは発覚時に余命3ヵ月と告げられ、手術はできなかったようです。膵臓がんに対する抗がん剤は、近年効果がある薬が開発され、余命数ヵ月と言われながらも年単位で元気に活躍されている人を散見します。もはや膵臓がん＝絶望、とは言えない時代になりつつあります。星野さんも、余命3ヵ月と言われながら、1年半近く活躍されました。死の1ヵ月前（12月1日）にはかなり痩せられていたようですが、野球殿堂入りの祝賀会に顔を見せています。お正月は、娘さん夫婦と自宅で過ごしていました。

1月2日の夜にトイレで転倒し顎と腰を強打。それでも翌3日も食事を摂り、家族がしびんを用意しても「要らん」と笑いながら断ったそうです。しかしその翌朝に容態が急変。娘さんの腕に抱かれながら、1月4日にやすらかに旅立ちました。享年70。

男の人生を闘い抜いた先に、ご自宅で「平穏死」されたのです。

しびんだけでなく、医療用麻薬のモルヒネも最期まで拒否していたそうです。がんの痛みを抑えるモルヒネは、決して怖い薬ではなく、今や緩和ケアに必須です。我慢せず使ってほしかったとも思いますが、これもまた、男・仙一らしいエピソードですよね。

好きな言葉は、「夢」でした。「いつも夢にチャレンジしているから、オレはすごく若いのだ」とよく話していたとか。若く、熱かったその勇姿に、負けず嫌いの男の浪漫をたくさん見させていただきました。

芸能リポーターの草分け、明るい声が画面を彩った

武藤《むとう》まき子《こ》さん

71歳、虚血性心不全

1945年11月30日生まれ、2016年12月5日没、享年71。芸能リポーター、アナウンサー。フジテレビ系のバラエティ番組や報道番組で、おまきさんの愛称で親しまれた。

ちょうどこの原稿を書いているのが、年末も押し迫った12月です。皆さんも目まぐるしい師走を送られている時期でしょう。しかし、最も健康に留意してもらいたい季節でもあります。一年のうち、人が一番死にやすいのが、12月〜2月なのです。

厚生労働省の統計によれば、平成24年の場合、年間死亡数の約28・4％が12月〜2月に集中しています。最も減少する6〜9月は約22・5％で、その差約6％、7万4586人にも及ぶのです。寒暖差によって血圧の急な変動が起き、心疾患を起こす人が増加することも一因だと考えます。

『とくダネ!』（フジテレビ系）などで人気者だった芸能リポーターの武藤まき子さんが虚血性心不全で亡くなったのは、2016年の12月5日のこと。71歳の誕生日を迎えたばかりでした。

武藤さんが体調不良を訴えたのは、その日の朝。自宅のベッドに横になっていましたが、昼頃に意識を失い、一緒にいたご家族が救急車を呼んで緊急搬送。搬送先の病院で死亡確認、「自

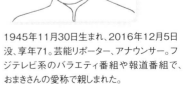

異状死体

日本法医学会は「確実に診断された内因性疾患で死亡したことが明らかである死体以外の全て」と定義。自宅で一人で死んでも、かかりつけ医が病死と判断した場合は自然死として処理される。

宅で死亡」と診断されたそうです。

翌日の新聞には、「突然死」という言葉が大きく躍りました。急性の症状が発現してから24時間以内に亡くなることを、突然死と定義しています。そして、突然死の大半が、虚血性心疾患によるものです。

虚血性心疾患とは 心臓の周囲を通っている冠動脈という血管が、動脈硬化などによって閉塞し、血液が行き届かなくなることで起こります。そして心筋の収縮力が弱まり虚血性心不全となるのです。ある日突然に症状が現れるのがこの病気の怖いところです。

まず胸の痛みや苦悶感、肩から上腕の痛み、悪心や嘔吐、人によっては下顎痛や歯痛が起きます。短時間（多くは1分以内）で死亡する場合は、突然倒れて意識を消失。悲鳴のような呻きや、甲高い鼾、口からピンクがかった泡を吹くようなこともあります。

短時間で心停止した場合、直ちに救急搬送をしても、蘇生できるのは稀です。高血圧や糖尿病、高脂血症などのリスクが多い人に起きることがわかっています。

武藤さんも、その前日までとてもお元気に過ごされていたそうです。ご家族と一緒のときに自宅で発症したことが、何よりの救いです。たとえばこれが、仕事先のホテルで一人で過ごしているときであれば、「異状死体」として警察沙汰になっていたことでしょう。

しかし武藤さんの逝き方は、決して不幸なものではありません。突然死とは予期せぬ、終末期のない「死」。言い換えれば、これこそが〝ピンピンコロリ〟というものです。

武藤さんは、夕刊紙に、亡くなる直前まで連載を持たれていました。連載タイトルは、「つたえびと」。おまきさん、の愛称で多くの人に愛され、明るく情報を伝え続けた、まさに武藤さんにぴったりの素敵なタイトルでした。

A たしかに同じような文句を言われる家族はときどきおられます。しかしクレームと裁判では次元があまりにも違います。約3000万円という大きな損害請求額は「死を受け入れられない」という家族の感情を反映した数字なのでしょう。

そもそも、乳がんが10年前に肺に転移して抗がん剤治療を受けていたのだから、「そう長くはないだろう」と誰もがわかっていたはずです。そのようなとき、私ならばご家族に余命は「月単位」ないし「週単位」という表現で説明をします。宣告ではなく、あくまで「説明」です。1ヵ月とか3ヵ月という数字を出して、患者さんに「呪い」をかけたくない、という想いからです。

この例では、「人生会議がゼロだったんだなあ」と思いました。家族とのコミュニケーション不足が本質で、「余命告知がなかった」というのはあくまで法的な場での表現にすぎないと思います。末期がんの人の死期を、正確に予測するのは困難です。だから主治医は「末期がんなのでいつ急変してもおかしくない」とだけ説明しておけばよかった。あるいは「阿吽（あうん）の呼吸」で伝わる関係性が構築できていなかったのでしょうか。

そういえば、私も先日、余命1ヵ月と思われる末期がんの在宅患者さんを訪問したときに、初めてその家に来た遠くの親戚から「余命はどれだけですか？　私にも予定がありますから」と厳しい口調で聞かれました。本人の前だったので「こればかりは神様が決めることなのでわかりませんね。私のほうが先かも」とはぐらかしたのですが、「ちゃんと言ってくださいよ。医者なら余命くらいわかるでしょう。私は来月、旅行が控えていますからハッキリしないと困るんです！」と罵倒されました。私は「正確にはわかりません。でも年を越すのは無理でしょう」とだけ（別の部屋で）答えました。このような家族が本当に裁判に訴えてくるのかもしれませんね。医者を辞めたくなる瞬間です。

しかし、家族側が勝訴する確率はゼロだと思います。死＝医者の責任、となるのであれば、世の中の医者はすべて逃げ出します。死に関わらない診療科ばかりになり、外科医や内科医はゼロになります。実際、そのような傾向になっています。それで困るのは患者さん側です。果たして裁判官がどんな解釈をするのか、とても興味があります。この裁判を通じて、「余命とは何か」、「リビングウイルや人生会議の意義」、「がん治療のやめどきとは」といった、まだ十分に議論されていない命題に多くの人が関心を持ってくれることを願っています。

余命宣告をしなかったら罪ですか?

緩和ケア病棟に勤務している30代の医師です。先日ネットで見かけたこのニュースに驚いています。

乳がんで2018年年1月に死亡した大分市の女性=当時(57)=の遺族が、余命1ヵ月との宣告を本人も家族も受けなかったために「余命が充実したものになるよう手厚い配慮ができなかった」などとして、通院先のアルメイダ病院(同市)を運営する市医師会と主治医に慰謝料3190万円を求めて大分地裁に提訴した。

女性は2005年頃に乳がんを患った。09年頃に再発して肺などに転移。通院しながら抗がん剤治療を続けていたが、2018年1月26日、容体が急変して死亡した。急死の説明を求めた遺族と病院側の話し合いで、死亡する9日前の検診の際に主治医が「余命1ヵ月」と判断していたことが判明。病院側は「余命告知の義務はない」と述べたという。

遺族側は「医師や病院には診断結果の説明義務がある」と強調。医師らは余命宣告の告知を検討するために家族との接触も図っておらず、「診療契約に付随する家族への告知義務に違反した」と主張している。これにより、家族一緒の時間を多く設けるなどの配慮ができなかったとしている。病院側代理人は「具体的な内容は訴訟の中で主張していきたい」としている。

西日本新聞(2018年10月23日)より

なぜこの病院が余命宣告をしなかったかも、気になりますが、余命宣告をしないと訴えられるというのは、どういうことでしょうか?　こうしたことが病院で起きたときに、どう対応すればいいのでしょうか?

がんと診断されて1ヵ月での旅立ち

岡留安則《おかどめやすのり》さん 71歳、肺がん

1947年11月23日生まれ、2019年1月31日没、享年71。ジャーナリスト。月刊誌『噂の真相』（1979年創刊、2004年休刊）元編集長。休刊後は沖縄に拠点を移していた。

２０１９年２月、いくつかの仕事があって沖縄に行きました。講演会を企画していただいたジュンク堂書店那覇店の店長さんの案内で、夜は栄町市場という郷愁誘うディープな飲み屋街へ。そのスナックで、この人の話題になりました。

インディペンデント雑誌『噂の真相』の名物編集長、岡留安則さん。若い人は知らないかもしれませんが、一時期は相当売れていた雑誌です。岡留さんは1月31日、那覇市内の病院で死去。71歳でした。死因は、右上葉の肺がんとの発表です。

２００４年に『噂の真相』を休刊させてから、岡留さんは沖縄に移住。基地問題をはじめ沖縄の抱える多くの「矛盾」を取材し、執筆活動をしていました。16年に脳梗塞を患い、そのリハビリに励んでいたところ、２０１８年末に肺がんが見つかったとのことです。

えっ？　２０１８年末にがんが見つかって、1ヵ月後に死ぬってどういうこと!?　と驚く人もいるでしょう。そんなに進行するまでがんに気がつかないことがあるのか、と。しかし、そ

散骨

散骨を希望する人は年々増えているという。人気があるのは、海に撒く海洋葬で、業者に委託をすると相場は5万円前後。また、霊園などの大木の根元に撒く樹木葬の相場は、10〜50万円前後。

ういう人はいくらでもいます。

私はそんな人を、月に何人か自宅で看取っています。体に異変を感じ病院を受診して、末期がんと診断されてから1ヵ月以内の旅立ちです。

膵臓がん、肝がん、肺がんなどの人が多いです。生活の質と治療を天秤にかけてよくよく考えたうえで「治療せずに在宅」の方を選択されたのです。

岡留さんがなった肺がんも、早期ではほぼ無症状です。咳や痰が増えるくらいで、気がついたときには末期、ということは珍しくありません。

ピンピンコロリで死にたいと望む人が多いですが、それは要するに突然死です。突然の死を受け止められない家族や周囲の人はPTSDに陥ることもあります。

末期がんという病状が判明して1ヵ月あまりで旅立つ人の場合は、準ピンピンコロリと言えなくもありません。しかし、厳しい病状を受け入れ、心づもりをする時間がわずかでもあるのとないのでは、たった1ヵ月でも突然死とは大きく違うはずです。

もしも、私がそんな状況になったときは、人知れず沖縄に部屋を借り、毎晩スナックめぐりをしながらカラオケ三昧で死にたいなあ……と夢想します。だから、沖縄で旅立った岡留さんを少し羨ましく感じます。

岡留さんは、葬儀が終わるまで自分の死は公表しないでほしいと言っていたとか。『噂の真相』を作った人が、自らの死は噂してほしくなかった、ということでしょう。

沖縄の海に散骨してほしいと言い残し、死の直前はあの名曲、『花』を聴いて涙していたと元部下の方が書かれていました。ただ願わくば、県民投票（2019年2月）まではお元気でいてほしかった。ご本人も、それだけは心残りだったのでは。

病を誰にも明かさず、静かに逝った名優

緒《お》形《がた》拳《けん》さん 71歳、肝がん

テレビドラマ『やすらぎの郷』（テレビ朝日系、２０１７年４月〜９月）をもう一度見たいという人が多いようです。私もその一人ですが、倉本聰作品のなかでは２００８年放送の『風のガーデン』も大好きです。

医療ドラマは数多くあれど、外科や救急を舞台にしたものが多いなか、『風のガーデン』は緩和ケアというドラマにしづらいテーマに焦点を当てながら父と息子の葛藤を描いた傑作です。本作で、孤高の在宅医を演じたのが緒形拳さんでした。

このドラマは２００８年３月から富良野で撮影が始まり、すべてを撮り終えたのが同年９月。第一回放送が10月９日。緒形さんはその４日前、10月５日に亡くなりました。71歳でした。急死という報道がありましたが、実は緒形さんは末期の肝がんと闘っていました。亡くなる前日の夕方に腹部の痛みを訴え、自宅から病院に搬送。がんが破裂したのです。ご家族と親友の津川雅彦さんが見守るなか、入院期間わずか一日半で旅立ちました。

1937年7月20日生まれ、2008年10月5日没、享年71。俳優。次男は俳優の緒形直人。1958年に新国劇に入団以来、病に冒されながらも死の直前まで俳優でい続けた。

『風のガーデン』
2008年10月〜12月にフジテレビ系で放送。主人公の麻酔科医の権威の役を中井貴一が、その父親で訪問医の役を緒形拳が演じた。終末期の在り方を問うた、緒形拳の遺作ドラマ。

緒形さんは2000年頃から慢性肝炎を患っていました。その後、肝硬変、そして肝がんと病状が悪い方に進行していきましたが、治療を拒否したそうです。

肝がんの原因の約9割はウイルス感染と言われています。C型（HCV）やB型（HBV）ウイルスの持続感染から慢性肝炎を起こし、肝硬変へと進み、やがて肝がんになると考えられています。

緒形さんは、肝臓のことは誰にも言うなと周囲に口止めをしていたそうです。8年にもわたる闘病中、一度も長期入院はせずに俳優業に打ち込みました。

肝がんは初期にはほとんど症状がなくても、進行とともに、さまざまな症状が現れてきます。おなかの圧迫感、食欲不振、全身倦怠感、体重の減少、微熱に加え、肝機能の低下とともに腹水、黄疸、赤い発疹を中心に蜘蛛が足を広げたように血管が広がる「くも状血管腫」という症状も出てきます。緒形さんは2007年の秋頃から激しい腰痛に見舞われ、腰椎圧迫骨折と判明し、セメントで骨を固める手術を受けています。意外に知られていませんが、肝臓と骨は密接な関係にあります。肝硬変の人はたいてい骨粗しょう症もあるので、ちょっとした負荷で圧迫骨折を起こしやすいのです。

末期がんの状態で挑んだ『風のガーデン』の撮影中は、食事もままならない状態だったそうです。しかしその辛ささえも武器にして、目が離せないほどの迫真の演技をされたように見えました。

書が趣味だったという緒形さん。葬儀には「不惜身命《ふしゃくしんみょう》」の書が貼られていたそうです。法華経が出典のこの言葉の意味は、「死をもいとわない決意」。最後のドラマに賭けた想いが伝わってくるようです。

「鉄人」衣笠は最期まで健在だった

衣笠祥雄《きぬがささちお》さん 71歳、大腸がん

2018年4月28日のマツダスタジアム、広島カープvs.阪神タイガース戦は、野球解説者で元プロ野球選手の衣笠祥雄さんの追悼試合として行われました。7対5で広島が勝利。赤いユニフォームを着たファンのなかには、広島カープ時代の衣笠さんの背番号で永久欠番となった「3」を掲げながら黙とうを捧げている人も多くいました。いかにこの人が広島市民に愛され続けた存在だったかをしみじみ感じました。

衣笠祥雄さん、享年71。2018年1月に70歳で亡くなった星野仙一さん（78ページ）に続くようにして、昭和のスター選手がまた一人、逝きました。死因は大腸（上行結腸）がんとのことです。大腸がんで亡くなった人の訃報を聞くたびに、「悔しいなあ。早期発見すれば治ったかもしれないのに」と医者としてはつい思ってしまいます。

日本人において現在、最も罹患率が高いがんが、大腸がん。この20年で約2倍にも増えています。増加の理由としては、もちろん高齢化もありますが、食生活の欧米化、つまり肉（牛肉

1947年1月18日生まれ、2018年4月23日没、享年71。元プロ野球選手、野球解説者。1965年に広島カープに入団以来、小柄ながらも頑丈で、「鉄人」の愛称で親しまれた。

腹腔鏡手術

お腹にに4〜5個、1㎝程度の孔を開けて、そこから専用の内視鏡(腹腔鏡)を入れて行う手術方法。開腹手術に比べて手術後の痛みが少なく、回復するのも早いというメリットがある。

や豚肉)や脂肪を食べる機会が増えたことも大きく関係しています。

肉や脂肪を消化するためには、肝臓から胆汁というものが大量に分泌されます。この胆汁が酸化し、二次胆汁酸になると、発がん物質となり大腸の粘膜に悪さをすることがわかっています。

最近は糖質制限ダイエットブームも手伝って、「ごはんはNGだけどお肉ならいくら食べてもOK」という風潮が続いているので、さらにこの国の大腸がんが増えるのではと心配です。どうかバランスのいい食事を心がけてください。

しかし、大腸がんは早期発見さえすれば怖くありません。そのためには、40歳を過ぎたら大腸がん検診(便潜血検査)を毎年受けることが大切です。もし陽性と言われたら、必ず内視鏡専門医による大腸内視鏡検査を受けましょう。

S字結腸や直腸に比べて、衣笠さんが罹患した上行結腸がんは大腸の奥にあるため比較的見つけにくい部位です。それでも、手術をすれば根治可能。リンパ節に転移しているステージ3で7割以上の人が、最も進行した状態のステージ4であっても2割弱の人が5年以上生存しますし、完治例もあります。リンパ節に転移した状態の大腸がんでも、昨今は**腹腔鏡手術**が可能となり、入院期間も1週間くらいで済むようになりました。

このように、大腸がんは「治療を諦めないでほしい」がんの一つだと思っています。だからこそ、衣笠さんの死は悔しい。

衣笠さんは周囲に闘病を隠していたようです。声がかすれながらも、亡くなる4日前まで解説の仕事をこなしました。何があってもマウンドを降りなかった鉄人ぶりは、最期まで健在でした。

最期まで台本を離さなかった役者魂

渡瀬恒彦《わたせつねひこ》さん　72歳、胆のうがん

1944年7月28日生まれ、2017年3月14日没、享年72。俳優。兄は俳優の渡哲也。1970年デビュー。数多くのドラマ、映画で活躍、最後の作品は「警視庁捜査一課9係」。

「当初よりステージ4、余命1年の告知を受けておりましたので、今日の日が来る覚悟はしておりましたものの、弟を失いましたこの喪失感は何とも言葉になりません。幼少期より今日に至るまでの二人の生い立ちや、同じ俳優として過ごした日々が思い返され、その情景が立ち切れず、辛さが募るばかりです」。

これは、72歳で亡くなった俳優・渡瀬恒彦さんの死を受けて、兄の渡哲也《わたりてつや》さん（75）が発表したコメントです。親が子を弔う哀しみを、「逆縁」という言い方をしますが、血を分けた兄弟姉妹であっても、同じ哀しみを味わうものでしょう。そういえば、渡哲也さんのボスであった石原裕次郎さんの死を、兄の慎太郎さんはかつて『弟』という作品にしました。あのクールな慎太郎さんでも、この小説だけはどこかセンチメンタルで、涙なしでは読めませんでした。

渡瀬恒彦さんの胆のうがんは、発見時には最も進行した段階の「ステージ4」だったとのこと。胆のうがんの場合、初期の自覚症状がほとんどないため、残念ながらこういうケースは多

敗血症

感染症の一つで、がん患者が抗がん剤治療を続けて白血球の数が減少してくると、感染のリスクが高まる。悪寒や震え、高熱、意識低下などの重篤な症状を伴い、死に至ることもある。

いのです。

胆のうは、肝臓の下にある長さ10㎝、幅４㎝程度の洋梨のような形をした臓器。肝臓で作られた胆汁という消化液を一旦溜めておく役割を担っています。私たちが食事をするたびに、胆のうは胆汁を排出して消化を助けます。また、胆汁の通り道にできるがんは、胆管がんと呼びます。また、胆のうの病気というと胆石をすぐに思い浮かべますが、その因果関係も未だに不明確です。

初期には自覚症状が見られない胆のうがんですが、進行するとみぞおちや右脇腹の痛み、黄疸、皮膚の痒み、白色便、尿が茶色くなるなどの症状が出てきます。膵臓がんと並んで治りにくいがんであり、手術ができない場合の1年生存率は20％台と大変低いです。

渡瀬さんに前述のような症状が出ていたかは不明ですが、体調不良で病院に行き、ステージ４と発覚したのは２０１５年秋のことで、余命1年の宣告を受けました。５ヵ月間の休養を取り、抗がん剤や放射線治療を行います。

そして２０１６年春に、人気ドラマシリーズ『警視庁捜査一課９係』（テレビ朝日系）の主演で復帰。病気のことは周囲に一切伝えず、治療を受けながら撮影を続けたそうです。「撮影現場が僕に力をくれます」と発言していましたが、夏頃より容態が悪化。再び休養に入り、次春から始まる新シリーズに備え体調を調整中と伝えられていましたが、３月に敗血症を併発。２０１７年3月14日に帰らぬ人となりました。

その病室には、いつでも撮影に臨めるようにドラマの台本が持ち込まれていたそうです。最後まで色褪せなかった役者魂に、頭が下がります。

難病と共存し最期まで歌って残した「風」

はしだのりひこさん　72歳、パーキンソン病

1945年1月7日生まれ、2017年12月2日没、享年72。シンガーソングライター。数多くのバンド活動のほか、ソロ活動も行うが、長くパーキンソン病を患っていた。

昭和40年代、日本のフォーク音楽をリードしていた、はしだのりひこさんが2017年12月2日、72歳で旅立ちました。パーキンソン病により死去、との報道でした。

彼の訃報が流れたその夜、桑田佳祐さんがラジオで「日本のポール・サイモンだった」と追悼し、ヒット曲『風』をかけたことからも、音楽シーンに大きな影響を与えた人物だったことがわかります。

はしださんの長女によると、彼がパーキンソン病を患ったのはおよそ20年前。9年前に奥様を亡くされた頃より、体調が悪化したようです。高齢化に伴い、我が国ではパーキンソン病の患者さんが増えています。脳幹部にあるドパミンという神経伝達物質が減少する病気です。

手足の震えや歩きにくさを感じることが初期には多く、進行に伴い、両手足にこわばりなどの強い症状が出てきて、日常生活に支障が出てきます。抑うつ障害や幻覚、睡眠障害や頻尿、認知機能の低下なども現れることがあり、また、最近注目されている**レビー小体型認知症**と症

レビー小体型認知症

アルツハイマー型認知症の次に多く、高齢者の認知症のうち2割を占める。幻視がある。手足の震え、筋肉がこわばり動作が緩慢になる等、パーキンソン病と同じ症状が出ることも多い。

状や病態が重なるため、誤診されたり誤った処方をされたりして、悪化してしまうケースも実は多いようです。

進行を遅らせる薬はありますが、完治させる治療法はまだ確立されていません。また、進行具合は人それぞれで一様ではありません。はしださんの場合は、20年間も難病と共存できたのですから、立派な闘病であったと思います。

２０１７年の4月には、きたやまおさむさんや杉田二郎さんと一緒に、車椅子で京都のコンサートに参加。『風』を披露したそうです。しかし、翌5月に急性白血病を発症。抗がん剤治療を受けて一旦改善したものの、これにより抵抗力が落ちたのでしょう、パーキンソン病も悪化。嚥下《えんげ》機能が低下し、食事が難しくなっていきました。

パーキンソン病が進行し、食べられなくなった患者さんに胃ろうを造るか否かは、年齢や状態によって答えは違ってきますが、どうやらはしださんは、胃ろうは造らなかったようです。「最期にステーキを食わせろ」と食欲を示していたようですし、死の10日前には、病院にお見舞いに来た仲間たちとギターを弾いて歌ったそうで、周囲の人も「ありえない！」と驚いていたようです。

また、危篤状態になってから、息子さんにアイスクリームをスプーンで数口食べさせてもらい、満足げだったと言います。

長い闘病生活ではありましたが、最期まで音楽を楽しみ、食べることができたのですから、見事な平穏死です。パーキンソン病であっても最期まで人生を謳歌しよう――。多くの患者さんに、温かな「風」のようなメッセージを残してくれました。

病の辛さを隠し、生涯現役を貫いた

成田《なりた》賢《けん》さん 73歳、肺炎

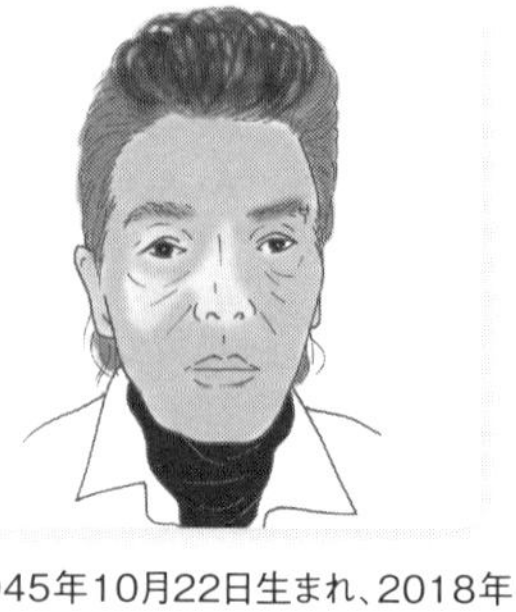

1945年10月22日生まれ、2018年11月13日没、享年73。歌手、シンガーソングライター。数々のバンドに参加した他、アニメの主題歌などで知られる。

２０１８年10月、東京の大井町で、尊厳死についての講演会をしました。会場ロビーに〈ＧＳフィスティバル〉という12月のライブのポスターが貼られていました。ジャッキー吉川とブルーコメッツの三原綱木さん、ザ・タイガースの加橋かつみさん、ミッキー吉野さんなどＧＳの錚々たる顔ぶれのなかにこの人の名を見つけました。ザ・ビーバーズの成田賢さんです。『サイボーグ００９』や、『電子戦隊デンジマン』の主題歌など、アニソン界の帝王としてのほうが広く知られているかもしれません。「キャラメルコーン」のＣＭソングなどでも、抜群の声量で活躍されました。

12月にライブで歌う予定があったほどお元気だった成田さんですが、11月13日に急死されました。享年73。死因は肺炎との報道です。直前までブログを更新し、お洒落な自撮り写真も掲載していますから、ご本人も予期せぬ死だったことでしょう。11月6日には、「風邪気味なのでもう眠ります」とツイートをしています。冬が近づいてくると、風邪とともに肺炎も増えま

死因第3位が肺炎

高齢化社会に伴い、増加している肺炎での死亡。
肺炎で亡くなる人の97%が、65歳以上の高齢者である。特に75歳以上になると、肺炎をきっかけに体力が低下し介護が必要になることも。

す。肺炎は軽く考えてはいけません。がん、心疾患に続き現在我が国の男性の**死因第3位が肺炎**です（厚生労働省2017年発表）。年齢が上がるほどその死亡率が増えていきます。

一言で肺炎といっても、細菌性肺炎、ウイルス性肺炎、マイコプラズマ肺炎、レジオネラ肺炎等、病原となる微生物によってさまざまな病態があります。ちなみに後期高齢者の肺炎は嚥下機能の低下に伴う誤嚥性肺炎が大半を占めます。

咳や痰や発熱や胸の痛みなどの自覚症状は共通です。医師は問診と診察で肺炎を疑えば、レントゲンなどの検査を行います。高齢者は肺炎があっても微熱や食欲低下程度のことがあるので要注意です。

成田さんの肺炎の詳細は明らかされていませんからこれ以上は何とも言えませんが、彼は病との闘いの半生でもあったようです。

1980年にバイク事故に遭い、翌年に歌手を引退。完治する術のない胸郭出口症候群という神経障害の後遺症とともに生きることになってしまいました。鍼治療を続け、ようやく2007年に歌手活動を再開しました。「1万回痛いと言っても痛みが取れるわけではない」と、病の辛さを口にはしなかったそうです。

胸郭出口症候群のため呼吸筋と肺活量が減少しただけでなく、痰を吐き出す力も弱まったために、肺炎が急性増悪したのではないかと想像します。加齢による免疫能低下や慢性疾患などの基礎疾患のある人が肺炎になると、抗菌剤で治療しても比較的短期間に重篤な病態に陥ることがままあります。

しかし、一度は諦めかけた歌手の道を、結果的には生涯現役で終わらせることができました。歌が大好きな私は最期まで歌うことができた成田さんを尊敬したいです。

がんを6回経験しても、がんで死ななかった人

関《せき》原《はら》健《たけ》夫《お》さん 73歳、心不全

39歳で大腸がん発覚。すでにリンパ節に転移、５年生存率20％と言われるも手術に成功。しかしその後肝臓に2回、肺に3回の転移巣に計６回の手術。こんな人が身近にいたとしたら、皆さんは40代か50代までしか生きられないのでは？　と思うことでしょう。

しかしこの人は、70代まで生き切りました。日本対がん協会の前理事で、元みずほ信託銀行副社長の関原健夫さんが２０１８年11月24日、73歳で旅立ちました。死因はがんではなく、心不全とのことです。

私が関原さんと知り合ったのは２０１６年のこと。『長尾先生、「**近藤誠理論**」のどこが間違っているのですか？』という本を上梓し、関原さんと二人でトークショーを行ったご縁からでした。

「もしも近藤誠理論のように、がんを放置していたならば、絶対に今、僕は生きてはいません。がんは、手術ができればラッキーなのです。逃げてはダメですよ！」

1945年9月23日生まれ、2018年11月24日没、享年73。日本対がん協会常務理事。数々のがんに襲われるも、6回に及ぶ手術に耐え抜き、がん治療の可能性を広げた。

近藤誠理論

元慶応大学の放射線専門医である同氏が主張する「多くのがんはがんもどきであり、治療は無意味。本物のがんは治らないので放置するに限る」という理論。医療者のほとんどが反発。

当事者である関原さんの言葉は、医者の私が言うよりも遥かに真実味と説得力がありました。私は、近藤先生の主張する、いわゆるがん放置療法を全否定するわけではありません。しかしそれが有効なのは、後期高齢者の人がほとんどでしょう。がんより先に寿命が尽き、天寿がんとなる人は多くいます。

関原さんは働き盛りの30、40、50代をがんと何度も闘いながら生きました。さらに驚くべきことは、その間ずっと銀行マンとしても活躍されていたことです。

「ちょうど金融の大激動期にあたり、面白くかつ責任のある仕事が続いたため、余計に死ねないという気持ちにさせられた」と著書に書いておられます。がんを克服できたのには、仕事を辞めなかったことも大きく起因しているはずです。こうした経験を踏まえ、「がんになっても働ける社会づくり」のために講演会などを行い、対がん協会での活動に邁進されていました。

さらに関原さんは、ようやくがんを克服した20年ほど前に、今度は心臓の疾患が見つかり心臓バイパス手術を受けています。その頃より死のシミュレーションをしっかり行い、「○○の場合は延命治療はいらない」と具体的に書いたリビングウイルを、奥様に渡していたそうです。そして、死の前日までお元気に活動されていた関原さんは、その朝ご自宅で急ではありましたが穏やかに旅立たれたようです。著書にはこうも書かれています。

「病気の最大の支えは、良き人間関係。それまでの人生で、どういう人間関係を持ってきたかが闘病を支えるすべてだと思います」。

良き仕事をすると、良き人間関係が必ず得られます。だからこそ、がんになったからと仕事を諦めては、もったいないのです。

混迷する政界に喝！「たるんじゃったな」

岸《きし》井《い》成《しげ》格《ただ》さん 73歳、肺腺がん

「たるんじゃったな、みんな」。

毎日新聞社特別編集委員で、日曜朝の『サンデーモーニング』（ＴＢＳ系）で長年にわたり頼れるご意見番だった岸井成格さん。

２０１８年春、岸井さんのお見舞に行った関口宏さんが、「何か言いたいことはないかい？」と尋ねた際、一生懸命に声に出して言ったのが、冒頭の言葉だったそうです。混迷する今の政治に、言いたいことがたくさんあったのでしょう。５月15日、肺腺がんのため都内の自宅で亡くなられました。73歳でした。岸井さんは、２００７年12月に、同番組でＳ字結腸がんの手術を受けたことを公表しました。大学時代の仲間の集まりに参加したとき、「顔色が尋常ではない」と言われたことを機に検査を受けて、がんがわかったそうです。

手術は無事成功し、３ヵ月後には番組に復帰。それまでの人生では仕事以外には無頓着だったそうですが、それからは定期的に健康診断を受けるなど、生活改善を心掛けていたとのこと。

1944年9月22日生まれ、2018年5月15日没、享年73。毎日新聞社特別編集員。情報番組や「NEWS23」などのニュース番組のコメンテーターとしても活躍。

重複がん
同じ時期にいくつかのがんが見つかる場合を同時性重複がん、一つのがんを治療した後に別のがんが見つかることを異時性重複がんという。それぞれを早期で見つければ、治癒は十分可能。

それから10年が経過した2018年秋、岸井さんは再び番組を休業しました。10月に復帰された際、関口さんが、「帽子を被って岸井さんが復帰されました」と紹介すると、「がんの治療でずっと入院していたもんですから。放射線と抗がん剤でいろいろな副作用があって……」と話しました。げっそりとされていました。

インターネットなどでは、「なんで帽子を被ってテレビに出ているんだ？　非常識だ」というクレームがたくさんあったそうです。こうした発言はがんに携わっている医師として大変残念に思います。抗がん剤の副作用の脱毛を気にするのは女性だけではありません。鏡を見るたびに精神的ダメージを受けるので、家のなかでも帽子を被っている男性も、実は多くいます。男であれ女であれ、ふだん帽子を被っていなかった人が帽子姿でいるときは、のっぴきならない事情があるはず。触れずにおくのが大人の流儀というものでしょう。

最初のがんから10年後に岸井さんの体内にできたがんは、大腸がんではなく、肺腺がんでした。これはがんの再発や転移ではなく、新たにできたがんだったかと推測します。同じ人の異なる部位にがんが発生することを「重複がん」あるいは「多重がん」と呼びます。長寿大国である我が国において、重複がんは決して珍しいことではありません。私の患者さんにも四つの臓器にがんができた方がおられました。

二つのがんと向き合いながら、最期までこの国の未来を案じていた岸井さん。お別れの会には、党派を超えて政治家の重鎮が多く参列されていました。祭壇の写真で微笑む岸井さんからの「たるんじゃったな」という声は、彼らの耳に届いたのでしょうか。

「マイクの前で死にたい」が口癖

日《ひ》高《だか》晤《ご》郎《ろう》さん 74歳、脂肪肉腫

1944年2月28日生まれ、2018年4月3日没、享年74。ラジオパーソナリティー。知性、暖かみを感じさせつつも、シニカルで歯に衣着せぬ物言いで人気を博した。

「よく笑えた日は佳い一日だ」。

これは、北海道の人気ラジオパーソナリティーだった日高晤郎さんが、生前よく口にしていた言葉だそうです。

なんと素敵な言葉だろう。そうだ、患者さんに明日も笑って過ごしてもらうために、私も町医者を続けているのだ、と改めて気づかされました。

毎週土曜、朝の8時から夕方5時までのラジオ番組を35年間も続け、札幌市民に愛された日高さんには、もう一つよく口にしていた言葉があったそうです。

「マイクの前で死にたい」。

日高さんが亡くなられたのは２０１８年4月3日のこと。**脂肪肉腫**だったといいます。74歳でした。初めてこの番組を休んだのは、この2月。病名は明かさず、札幌市内の病院に入退院しながら仕事を続けました。3月下旬、最後のラジオ出演の際は、「腹水を抜くために入院し

脂肪肉腫

体の一部が赤みがないのに腫れていたり、腫れている部分に血管が浮いていて、大きくなっていると感じたときはCTやMRIの検査を受けること。脂肪肉腫は太腿にできることが多い。

ます」とだけ話したとのことなので、かなり進行した状態まで、病気の公表を避けていたのでしょう。「脂肪肉腫」という病名を初めて聞かれた方もいるでしょう。そもそも「肉腫」と「がん」の違いとはなにか？　肉腫とは全身の骨や、脂肪・筋肉・神経（軟部組織といいます）にできた悪性腫瘍のことです。英語ではサルコーマといいます。

これに対し、肺、乳房、胃、大腸、子宮……等、上皮細胞という場所から発生した悪性腫瘍を「がん」と呼びます。また、血液をつくる骨髄から発生した悪性腫瘍は白血病、悪性リンパ腫、骨髄腫などと呼ばれます。肉腫は悪性腫瘍全体の1％に過ぎません。さらに発生部位もさまざまなので、診断や治療が、「がん」と比べて難しい場合があります。

日高さんが冒された脂肪肉腫も、体中のどの臓器にも発生する可能性があります。ほとんど痛みはなく、大きくなった瘤《コブ》に気がついて病院に行き、この病気が判明することが多いようです。肉腫自体の痛みはないものの、大きくなって神経や周囲の組織を圧迫したり、他臓器に転移したりするとさまざまな症状が現れてきます。

詳しいことはわかりませんが、もしかしたら日高さんも瘤《コブ》が相当大きくなった状態で初めて病院に行ったのかもしれません。

16歳で役者デビューした日高さん。若い頃は日々、食べるものにも困るほど、不遇の時代が続いたようです。それでも続けられたのは、「何があっても笑いというエネルギーに変えてやろう」という気持ちがあったからだとか。ギリギリまで仕事を続けられた理由もここにあるのでしょう。

そして、「マイクの前で死にたい」という日高さんのリビングウイルは、ほぼ叶ったも同然の旅立ちだったと思います。

マドンナ女優が迎えた最高の最期

星《ほし》由《ゆ》里《り》子《こ》さん　74歳、心房細動と肺がん

１９６０年代、加山雄三さんの『若大将シリーズ』でマドンナ役を好演、『モスラ対ゴジラ』など特撮映画にも出演し、映画少年の心を鷲掴みにした東宝女優だった星由里子さんが、２０１８年5月16日に亡くなりました。享年74。所属事務所から死因は「心房細動と肺がん」と発表されています。

訃報を目にしたとき、私は思わずその記事を二度見してしまいました。今まで２０００枚以上の死亡診断書を書いてきましたが、２つの独立した病名を併記した死亡診断書を書いたことがないからです。

心臓は四つの部屋に分かれています。上二つの部屋を心房と呼びますが、右房内の電気信号の乱れによって、まったく不規則に脈をうつ状態を心房細動と呼びます。そうなると左心房のなかに血栓（血の塊）ができやすくなり、それが脳に飛んでいくことがあります。これを心原《しんげん》性脳塞栓《せいのうそくせん》症といい、命にかかわる悪性の脳梗塞です。しかし抗凝固剤を内服することで予防で

1943年12月6日生まれ、2018年5月16日没、享年74。俳優。東宝らしい「清く正しく美しく」を地でいくような美貌で、『若大将シリーズ』のヒロインを長く務めた。

死の壁

終末期の患者さんが、生のモードから死のモードへ移行していくときに起こる状態のことを指した著者の造語。死の1日〜半日前あたりから暑がって服を脱ぎだすなどのサインがある。

きます。高血圧や糖尿病や喫煙などの危険因子が重なって脳の血管が詰まる脳梗塞とは、厳密には区別されています。脳梗塞は我が国では現在、約70万人以上の人が罹患しています。

心房細動は加齢に伴い増えますが、それだけでは直接的に死に至りません。悪性脳梗塞や慢性心不全に至れば最終的に命に関わります。報道によれば、星さんはこれまでに二度、心臓の手術を受けられていたそうです。現在、心房細動の多くはカテーテルアブレーションという治療法で治ります。

２０１８年４月５日が二度目の手術でしたが、術前の検査の際に偶然肺がんが発覚したそうです。既にステージ４でしたが、自覚症状はほとんどなかったようです。心臓の治療を主眼にした経過で発覚したステージ４の肺がん。私が主治医だったら、「がんが早く見つからなくてよかったね」と声をかけていたかもしれません。心房細動とステージ４の肺がんという二つの治療を並行して行うことは負担が大きすぎて、衰弱を早めるかもしれないからです。

３月まで映画の仕事をしていた星さんは結局、肺がんの治療を受ける間もないまま旅立たれたようなので、このような死因の発表となったのかもしれません。

亡くなる日の夕方、夫と一緒に病室でカレーと杏仁豆腐を召し上がったそうです。その夜、10分ほど苦しい時間が続き、夫に抱きかかえられながら**死の壁**を越えたようです。「だいぶ楽になったわ。ありがとう」とお礼の言葉を残して。

星さんは三度のご結婚をされています。男運が悪いと若い頃に言われたこともあったようですが、最期は愛する人に抱かれながらの平穏死でした。マドンナ女優の名に相応しい、最高の男運だったのではないでしょうか。

仁義なき死、そして豪快な遺言

松方弘樹《まつかたひろき》さん 74歳、悪性リンパ腫

1942年7月23日生まれ、2017年1月21日没、享年74。俳優。時代劇やヤクザ映画で知られるだけでなく、バラエティ番組ではその笑い上戸でお茶目な一面も見せた。

高倉健さん、菅原文太さん。昭和の銀幕スターが立て続けに鬼籍に入り、邦画ファンの私としてはせつないかぎり。任侠映画の金字塔『仁義なき戦い』も、もうあの世でしか再演できない。松方弘樹さんが亡くなったときは特にせつなさを覚えました。

松方さんが頭痛や体の痺れを訴えて病院に行ったのは、2016年2月。開頭し生体検査を行った結果、脳の**悪性リンパ腫**と診断され、そのまま入院となりました。

悪性リンパ腫とはリンパ系組織のがんのこと。首や脇にできることが多く、脳にできるのは稀で、罹患するのは10万人に1人と言われています。そもそも脳にはリンパ組織はなく、発生原因はハッキリと解明されていません。

脳の悪性リンパ腫の自覚症状は、発生した場所によってさまざまですが、頭痛、吐き気、手足の麻痺や言語障害、視覚障害などがあります。また、ぼーっとする、物忘れが多くなる等の症状も出るため、高齢者の場合、認知症と誤診されることもあるようです。

悪性リンパ腫

白血球のなかに含まれるリンパ球や造血幹細胞から分化したリンパ芽球が、がん化して起こる。がん化したリンパ球は身体中のリンパ節で増殖するので身体中どこに症状が出るかわからない。

脳の悪性リンパ腫の場合は基本、（生検以外の）外科手術は行いません。リンパは全身を巡っているため、目に見える部分だけ取り除いても、根本的な治療にはならないのです。したがって、化学療法と抗がん剤治療が主体となります。松方さんの治療も難しかったようで、入院3ヵ月後には意識がハッキリしなくなり、秋頃、抗がん剤投与をしている途中で脳梗塞を発症しました。これにより悪性リンパ腫の治療は一時中断。その後治療は断続的に続いたようですが、徐々に衰弱し、最後には体重40キロ台になったと報道されていました。

それから1年足らずの2017年1月21日、帰らぬ人に。74歳でした。印象的だったのは、親友・梅宮辰夫さんの〝男泣き〟会見です。最後の面会は死の1ヵ月ほど前で、

「意識がなく宙をぼーっと見ている。オイッて言っても反応しなかった」

と涙ながらに語りました。

「遺品も花もない。たった1時間で、骨だけがバラバラになって出てきた。人間ってこんなに簡単なのかとつくづく思った」。

看取りの医者でもある私は、この言葉に驚きました。俳優として個人として、人生経験豊富なはずの梅宮辰夫さんをもってしても、死の無常さを前に子どものように泣き崩れている……。そうなんです。人は死ぬまで、いろいろとややこしいですが、死の前後というのは本当にあっけないもの。死ほど〝仁義なき〟ものはこの世に存在しません。松方さんは生前、後輩の俳優にこんな言葉を残していました。

「もっともっと人生しろ、人生しなきゃ良い役者にはなれない」。

人生しろ。マグロ釣り同様、なんと豪快な言葉でしょうか。松方さんのこの言葉を胸に私も精一杯、医者人生を、精進いたします。

お見事だった「無為自然」夫の声を聞きながら

樹《き》木《き》希《き》林《りん》さん 75歳、乳がん

1943年1月15日生まれ、2018年9月15日没、享年75。女優。夫はロック歌手の内田裕也。演技力だけでなく、その飄々とした生き方に多くの賛同者がいる。

「死ぬ死ぬと言って、死なない詐欺みたいだけどね、ごめんね」。

昨今、こんな冗談を言っていた樹木希林さんが、とうとう２０１８年9月15日に逝きました。75歳でした。

希林さんが全身がんと公表したのは２０１３年のこと。ちなみに「全身がん」という病名はありません。２００４年に右乳房に乳がんが見つかり翌年に全摘手術。08年頃には、腸や副腎、脊髄に転移が発覚。抗がん剤は拒否し、放射線照射で治療をしています。そのがんが再発し、全身に転移が認められたのが２０１３年ということでしょう。しかしその後も、希林さんはお元気で、素晴らしい作品に次々と出演されました。本当に深刻な病態なの？と疑問を抱いた人も多かったのでは。それは乳がんだったことも大きいです。

私も、ステージ４で乳がんが見つかった患者さんで、10年以上元気に生きた人を何人か診てきました。ステージ４と診断されても**3人に1人は5年以上生きる**のが乳がんです。だから希

3人に1人は5年以上生きる

国立がん研究センターが2016年に発表したデータによると、乳がんの5年相対生存率は、ステージ1で99%、ステージ2で95%、ステージ3で79%、ステージ4で32%となっている。

林さんは、決して死ぬ死ぬ詐欺だったわけではありません。

上手にがん治療を受けることも大切ですが、それ以上に免疫状態を高く保つことが大切です。充分な睡眠やストレス回避、そして笑いが免疫を向上させることで、がんの休眠状態が保たれます。なかでも大きな効果があるのが「生き甲斐」です。

いつ死んでもいいと覚悟しながら、生き甲斐を持って仕事をする。希林さんの生き方には、がんを暴れさせないためのヒントが詰まっているように思えます。

「死ぬときぐらい好きにさせてよ」というキャッチコピーに、ミレイの名作オフィーリアに扮したモデルで広告出演をして話題になったのは亡くなる2年半前。しかし後日、

「あれは私とは違う。私はふだんから好き勝手しているから」

とインタビューで答えています。死ぬときぐらい、と考えているようでは、理想の最期を実現することはできないのかもしれません。

希林さんは、8月13日に転倒。左大腿骨を骨折して入院、手術となりました。この手術で体力が急激に落ちたのでしょう。酸素マスクをつけ、寝たきりの状態となりました。転倒さえしなければ、なんて言えばキリがありませんね。いずれにせよ悔いのない人生だったとお察しします。

最期は自宅で、と以前から希望されていた通り、死の前日に帰宅。ご家族に看取られ、さらに夫の裕也さんの声を携帯電話で聞きながら、穏やかに旅立たれました。

「年相応にいろいろあるの。それがまたいいのよ」

とテレビ番組で仰っていた笑顔が頭から離れません。老子の「無為自然」という言葉を彷彿とさせる人生。お見事でした。

「逃げない」姿勢を貫き、引退後も20年間リハビリ

マサ斎藤《さいとう》さん 75歳、パーキンソン病

1942年8月7日生まれ、2018年7月14日没、享年75。レスリング選手。日本プロレス、新日本プロレスなどで戦い、アメリカにも進出、コメンテーターとしても活躍した。

東京オリンピックまで、いよいよカウントダウンに入りました。

私が診ている在宅の患者さんのなかにも、「東京オリンピックまでは死なれへんわ」と張り切っている80代、90代の人が多くいます。前回（１９６４年）の東京オリンピックが記憶に残っている人のほうが、どうやら期待も大きいようです。そういえば日野原重明先生（２０４ページ）も「オリンピックまで頑張りますよ」と仰っていたので、残念でなりません。

プロレスラーのマサ斉藤さん。この人にも東京オリンピックまで生きていてほしかった。というのも、マサさんは、前回の東京オリンピックのレスリング日本代表だったのです。２回目は、聖火ランナーとして走りたいと周囲に語っていました。しかしその夢は叶うことなく、２０１８年7月14日に逝去。75歳でした。パーキンソン病によって死亡、との発表です。パーキンソン病で死ぬということ……ピンとこない人が多いかもしれませんね。

もしくは、２０１６年に亡くなったプロボクサーのモハメド・アリさん（享年74）のことを

ドパミン

神経伝達物質の一つ。アドレナリンやノルアドレナリンの前駆体。年齢とともに誰もが減少していくが、短時間で急激に減るとパーキンソン病発症のリスクが高まるという説もある。

思い浮かべる人も多いのではないでしょうか。しかし、アリさんの直接の死因は「敗血症」でした。

認知症と同じく、パーキンソン病は、闘病期間がとても長く、徐々に全身の機能が弱っていく病気です。私の場合、死亡診断書にパーキンソン病と書くことは少なく、直接的死因として誤嚥性肺炎や心疾患等と記すことが多いです。

パーキンソン病は、脳のなかにある**ドパミン**が脱落していくことで、歩行や日常生活に支障をきたしていく病気です。手足の震えや動作が遅くなることで、病気に気づく人が多いです。ダンスなどのリハビリ療法が有効です。

いくつかの薬が存在しますが、どれも、進行を遅らせるためであり、完治するための薬ではありません。しかし適切な治療やリハビリにより通常、発症してから10年程度は普通に生活が可能ですし、平均寿命も健康な人とさほど変わりません。

ただ、多剤投与やパーキンソン病の薬が多すぎて症状が悪化している人が少なくないのです。薬のせいで認知症と似た症状が出ている人もいます。重度の人が私の外来に来た場合、まずどんな薬が処方されているかをチェックします。

マサさんがパーキンソン病を発症したのは、プロレスを引退して間もない56歳の頃でした。それから約20年、毎日リハビリを続けていたそうです。「絶対に負けるもんか」と語っていました。

もはや伝説となっている１９８７年の、アントニオ猪木さんとの〈巌流島の戦い〉同様に、長い長い病との闘いでした。一流選手の証とは「逃げない」ことなのかもしれません。

2人の夫が支えたリハビリと役者魂

真屋《まや》順子《じゅんこ》さん　75歳、全身衰弱

昭和のお化け番組『欽ちゃんのどこまでやるの！』で、欽ちゃんの奥さん役を長年務めた女優の真屋順子さん。ほのぼのとした夫婦像が国民的人気を呼びました。番組が始まるとき、それまでのドラマの役柄から悪女のイメージが強かった真屋さんに「日本一のお母さんにしてあげるから」と欽ちゃんは約束をしたといいます。

その真屋さんが２０１７年12月28日に旅立たれました。75歳でした。

17年にも及ぶ闘病生活だったようです。58歳のとき、脳出血で倒れたことが始まりでした。左半身に麻痺が残り、その翌年には、脳梗塞も患いました。所属事務所は死因を、「全身衰弱」と発表しました。まだ70代だったので「老衰」を書くことを医者がためらったのかもしれません。

女優さんですから、こうした大病の後は世間に姿を見せるのを嫌がる方が大半だと思います。しかし真屋さんは、隠れなかった。リハビリの様子をテレビで見せるなど、すべてをさらけ出

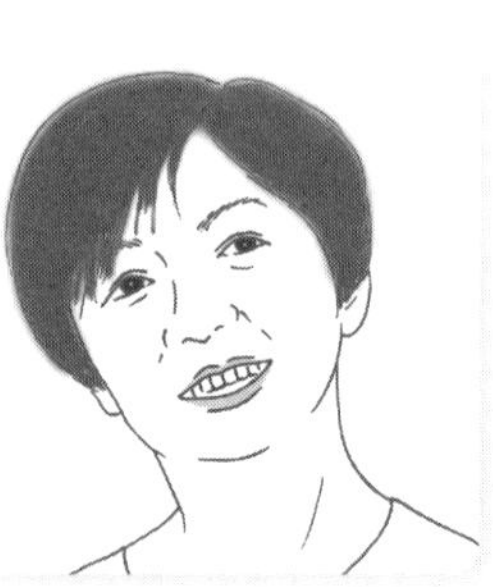

1942年1月8日生まれ、2017年12月28日没、享年75。俳優。映画、ドラマで活躍する一方で、“日本一いいお母さん”として欽ちゃんの番組で人気を博す。

リハビリの重要性

脳出血を発症した場合、リハビリテーションは発症直後から治療と並行して行われる。脳細胞の損傷が治らなくても、早期からリハビリを行い、新しい神経回路を繋げる努力が大切である。

しました。この勇気ある行動は、夫で舞台俳優の高津住男《たかつすみお》さんの愛情があったからでしょう。献身的な介護とリハビリの甲斐もあり、２００３年には高津さんが演出する『出雲の阿国』に車椅子で出演。翌々年の同舞台では、杖なしで立ち上がって見せ、拍手喝采がやまなかったそうです。

その後も夫婦一緒に各地を講演するなどして、**リハビリの重要性**を伝えていきました。

しかし２００９年に夫の高津さんが自宅で倒れて緊急入院。末期の肝がんであることがわかり、翌年の7月に死去。高津さんは死の３日前まで主演舞台に立ち、自宅で亡くなりました。ご夫婦揃って何たる役者魂でしょう。

在宅医として、私は今まで何百というご夫婦の暮らしを見ていますが、妻の介護を献身的にしていた夫の方が先に旅立ってしまうケースをときどき経験します。女性の老い方が長く緩やかな下り坂だとしたら、男性は比較的、急勾配。男は哀れやな……と思いつつも、理想的な夫婦の形だと感じることもあります。日本では男性の方が7歳も平均寿命が短いのですから、自然の摂理なのかもしれません。夫を失ったその年、真屋さんは心不全に襲われ、翌年には大動脈瘤で手術を受けて、徐々に体力が低下していきました。

病床には、欽ちゃんを始め「欽どこファミリー」が何度もお見舞いに来ていたようです。

かつての妻の訃報を受けて欽ちゃんは、２０１８年2月にお別れの会を都内で開催しました。闘病17年とは可哀想、と考える人もいるでしょう。しかし二人のすごい「夫」に愛され続け、復帰という希望を失わずにいた真屋さんの人生は、幸福な女優の一生、女の一生だったのではないでしょうか。

水俣病患者の救済に尽力した国会議員

園田博之《そのだひろゆき》さん　76歳、肺炎

1942年2月19日生まれ、2018年11月11日没、享年76。政治家。自由民主党所属の元衆議院議員。立ち上がれ日本、日本維新の会、次世代の党を経て自民党に復党した。

〈患ひの元知れずして病みをりし人らの苦しみいかばかりなりし〉

これは、平成25年に天皇陛下御夫妻が初めて熊本県水俣市を訪れた際、陛下が詠まれた歌です。

私は先日、水俣市医師会が主催する市民講演会に呼んでいただきました。その道中、陛下のこの歌碑のある公園や水俣病資料館を見学し、水俣病の悲しい歴史に触れました。不知火海《しらぬいかい》の美しい青色が胸を苦しくさせます。母親の胎内でこの病に侵された胎児性患者の人々は、今もなおこの病気に苦しめられているのです。戦後最大の公害病である水俣病をめぐる諸問題は、平成が終わろうとも私たち国民は絶対に忘れてはならないと強く想いました。こうした水俣病患者さんの救済に大きな力を注がれたのが、熊本出身の国会議員、園田博之さんでした。しかし2018年11月11日、東京都内の病院で亡くなりました。76歳、死因は肺炎でした。

園田議員は、政治家だった父・直元さんが亡くなったことを受けて、1986年に初出馬。

口腔ケアと嚥下のリハビリ
ある調査では、要介護状態の高齢者で口腔ケアとリハビリを実施した人はそうでない人とと比べて、2年以内に肺炎になるリスクが4割減少するという報告も。介護予防に欠かせない。

このとき、対立候補はなんと継母（直元さんの後妻で博之さんは前妻の息子）であった園田天光光《てんこうこう》さん。天光光さんは、戦後間もない１９４６年に餓死防衛同盟から立候補、我が国初の女性議員でした。「骨肉の選挙」と言われたこの選挙は息子が勝利し、その後、自民党離党と復党を繰り返しながらも、当選11回、一度も落選しないままでした。晩年は政界のご意見番的な存在でしたが、体調を崩されてからあまり表舞台には立っていませんでした。２０１８年の春から入退院を繰り返していたそうです。がんの治療に加えて、もしかしたら肺炎治療を行っていたのかもしれません。

日本人の死因の第1位はがんですが、部位別に見ると男性の第1位は肺がんです（女性は第2位、国立がん研究センター２０１７年統計）。肺がんは進行するにつれて咳や痰、息苦しさ、胸の痛み、顔のむくみ、嚥下《えんげ》障害などの症状が現れてきます。最終的に骨や脳に転移すればその症状が前面に出てくることもあれば、がんに併発した肺炎を繰り返すというケースもあります。

通常の肺炎や肺がんが気管を閉塞して起こる二次性肺炎に加えて、高齢者の場合は誤嚥性肺炎も起こります。誤嚥性肺炎は食べ物の誤嚥ではなく多くの場合、夜間睡眠中に唾液が肺のなかに垂れ落ちて起こります。だからその予防法はこまめな口腔ケアと嚥下のリハビリです。「胃ろうにして食べさせないことが誤嚥性肺炎の予防」と思っている人が多いようですが大きな間違いです。肺がんや誤嚥性肺炎があっても最期まで口から食べる楽しみを奪わないことが大切です。そのためには緩和ケアという医療があることを知っておいてください。

さて、水俣病の問題は、未だすべてが解決したわけではありません。園田議員もきっと空から見守ってくれていることでしょう。

最期まで音楽とともにいたい、を実践した

井上堯之《いのうえたかゆき》さん 77歳、敗血症

時節柄、懐かしい映像をテレビで目にする機会が増えています。そのとき自然に私の脳裏に流れるのは、「あのときき～みは～若かった～」。ザ・スパイダースのあの曲です。1961年に結成され、1970年に解散したザ・スパイダース。再結成してほしいと思うバンドの一つですが、名ギタリストとして知られたイノヤンこと、井上堯之さんが旅立ってしまいました。享年77。死因は敗血症でした。メンバー2人目の旅立ちです。

1970年にザ・スパイダースが解散した後も、『太陽にほえろ』や『傷だらけの天使』など名作ドラマの音楽を手掛け、沢田研二のバックバンドやハウンドドッグのプロデューサーとして活躍し、近藤真彦が歌いレコード大賞を受賞した『愚か者』の作曲など、日本の音楽シーンに大きな影響を与え続けました。

そんな井上さんの身体に異変が生じたのは1995年のこと。初期の胃がんが見つかりましたが、見事に克服。しかし2009年、67歳のときには肺気腫と診断され、突然の引退宣言。

1941年3月15日生まれ、2018年5月2日没、享年77。ミュージシャン、ギタリスト、作曲家。ザ・スパイダースの結成メンバー。イノヤンの愛称で親しまれた。

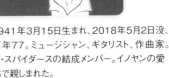

肺年齢

呼吸機能検査による「一秒量」と「一秒率」の測定値と「身長」を、日本呼吸器学会(JRC)による「一秒量の標準回帰式(18〜95歳)」に代入し、条件に応じて算出した「年齢」のこと。

肺気腫は、別名タバコ病と言われるＣＯＰＤ（慢性閉塞性肺疾患）とほぼ同じ病態。井上さんは当時ヘビースモーカーで、1日30本ほど吸っていたといいます。

２０１４年の厚労省の調査によれば、病院でＣＯＰＤと診断された人は約26万人ですが、実際は推計５３０万人以上この病気の人がいるという衝撃のデータを発表しています。

喫煙による有害物質が原因の９割とも言われているＣＯＰＤ。初期は階段を昇るときに息苦しさを感じる程度なので「歳のせい」で片づけてしまう人も多いのです。

しかし、徐々に進行して咳や痰が増え、やがて呼吸苦から死に至る病。早期に発見し禁煙することが何よりも大切ですが、ＣＯＰＤの啓発が遅れているので、かなり進行するまで無自覚な人が多いようです。喫煙経験のある人は、40歳を過ぎたらぜひ健康診断などで「**肺年齢**」を調べてみてください。

井上さんは引退後、小樽の病院へ行きました。ボランティアで童謡を歌い、高齢者との交流を深め、新たな生き方を見つけたと本に書かれています。その後、再びがんも発症していたようですが、演奏活動を再開していきました。

最初のがんからは20年以上、ＣＯＰＤになってからも10年近く、そして最期まで大好きな音楽とともに生きられたのですから、強運で幸運な人生だと思います。音楽仲間には、自分の闘病を語ることは一切なかったそうです。

そして、２０１７年5月2日のムッシュかまやつさんのお別れ会では、一夜かぎりのザ・スパイダースを再結成。往年の名曲を披露しファンを沸かせました。

奇しくも、それからちょうど1年後、5月２日の旅立ちとなりました。天国で今ごろ、かまやつさんと一緒にギターを弾いているのではないでしょうか。

肝臓がんだったのに、死因は膵臓がん……。

かまやつひろしさん 78歳、膵臓がん

1939年1月12日生まれ、2017年3月1日没、享年78。ミュージシャン。愛称ムッシュ。ザ・スパイダースに参加、バンド活動の他、ソロ、映画俳優としても知られる。

この書籍は新聞の夕刊フジで2017年春から始まった連載が元になっていますが、一番最初に原稿に取り掛かったのがこの方でした。どなたから書くべきか……と頭を悩ませていたとき、ふとラジオから、ムッシュかまやつさんの追悼番組が流れてきたのがきっかけです。

「ムッシュはちょっと危ない人で、自由人で、最高だった」

とラジオの声。ちょっと危ない人で自由人……まるで己のことを言われているようで親近感が湧きました。ザ・スパイダースは、私が物心ついた頃には大スターでした。『夕陽が泣いている』を聴くと少年時代が蘇ります。今聴いても本当にカッコいい。

かまやつさんは2017年3月1日に膵臓がんで亡くなりました。享年78。2016年5月に肝がんが発覚。8月には脱水症状を起こし緊急入院。がんを公表したのは9月。その後は、いとこの森山良子さん宅で静養しながら通院で治療をしていました。

公表時は肝がんでしたが、死因は膵臓がん……なぜ、と思う方もいるでしょう。

転移性肝がん

肝転移の原因となるがんは大腸がんや胃がんなどの、腹部消化器のがんが多いといわれているが、どこから肝臓に転移してもおかしくはない。女性の場合、乳がんや子宮がんから転移することも。

おそらく膵臓にがんがあり、そこから肝臓に転移した「**転移性肝がん**」が先に見つかったために肝がんとして発表されたのだと想像します。膵臓がんは発症した時点で進行した状態であることが多く、手術対象にならないと化学療法が行われます。かまやつさんの治療内容は公表されていないので知ることができませんが、２０１６年12月にはまさに〝我がよき友〟堺正章さんの古希祝いライブに登場、往年の名曲『サマー・ガール』をデュエットしたそうです。これが最後の公の場となりました。1月に体調が悪化し都内の病院に入院。2ヵ月弱の入院生活ののち、最期はお気に入りのニット帽を被って、親族に囲まれながら穏やかに息を引き取ったそうです。

実は、かまやつさんが亡くなる数日前に奥様が亡くなっています。かまやつさんがザ・スパイダースに加入された年に結婚し、表舞台にでることなく夫を支え続けました。奥様はかまやつさんより先にがんを発症、長い闘病をしていたとのこと。かまやつさんは病床ですでに意識が朦朧とした状態だったこともあり、妻の死を知らされることなく旅立ちました。

お二人の息子もミュージシャン。母親が亡くなったことをＳＮＳに投稿した、まさにその日にかまやつさんは亡くなりました。

このように、妻の後を追うようにして亡くなる夫は少なくないのです。後追い死とは、言わば究極の夫婦愛でしょうか。しかし、夫が先に旅立った場合、妻が後を追うケースはあまり見たことがありません。むしろ元気になる場合も。かまやつさんは、おしどり夫婦で有名だったそうですから、今頃は天国で再会を喜んでいることでしょう。

ご夫妻のご冥福をお祈り申し上げます。そしてザ・スパイダースよ永遠に！

歌舞伎町の帝王も最期は介護施設で…

愛《あい》田《だ》 武《たけし》さん 78歳、死因不明

２０１８年10月に、玉ちゃんこと玉袋筋太郎さんと、新宿歌舞伎町のライブハウスで「男の孤独死」についてトークイベントを行いました。玉ちゃんのトークが炸裂し、楽しい一夜でした。帰路、ホストクラブの看板が華やかに並ぶ不夜城を歩きながら、この方のご冥福を祈りました。

ホストの帝王として君臨した愛田武さんが、２０１８年10月25日に亡くなりました。享年78。死因は明らかにされていませんが、ここ数年は認知症を患い、介護施設で生活されていました。９月に体調に異変が生じ、心臓のペースメーカーと胃ろう処置を行ったようです。

愛田さんは１９６０年代、故郷の新潟から家出同然で東京へ。東京フランスベッドに入社し、瞬く間にトップセールスマンになりました。68年にホストクラブに入店。すぐに才覚を現し、71年に独立。「クラブ愛」をオープンします。その後は飛ぶ鳥を落とす勢いで、歌舞伎町で店舗を拡大、メディアで引っ張りだこの人気者となっていきます。一方で、今の言葉で言えばブ

1940年7月1日生まれ、2018年10月25日没、享年78。実業家。歌舞伎町ホストクラブ協会の初代会長。裸一貫、夜の街で財をなし、ホスト界の伝説の人となった。

脳血管性認知症

老化や生活習慣病によって脳の血管がもろくなり、脳梗塞や脳出血を起こしたことがきっかけで認知機能が悪くなる症状。アルツハイマー型との混合型の人も多く見られる。症状の変動が大きい。

ラックであったホスト業界の労働改善に力を入れ、２０００年代には従業員３００人、年商27億円のやり手実業家となっていました。

しかし２０１１年、愛田さんは脳梗塞で倒れます。晩年は認知症を患って、仕事ができる状態ではなく、経営権を長女に譲渡。しかし家族間の財産トラブルの末、すべての経営権は、結局他人の手に渡ってしまいました。

愛田さんがそうだったかどうか、現段階の情報からは明らかではありませんが、脳梗塞からの認知症というと、「**脳血管性認知症**」が考えられます。脳の細胞に酸素が運ばれなくなり、神経細胞が死滅してしまうことで認知症機能が低下するのです。認知症全体の約2割を占めると言われています。アルツハイマー型との混合型という人も少なからずいます。糖尿病や高コレステロール血症、高血圧、メタボ、睡眠時無呼吸症候群などがある人は脳梗塞のリスクが高いことがわかっています。

全財産を失った愛田さんは、年金をやりくりして、ある介護施設に入所されました。徐々に認知症が進行していくなか、家族内ではお金をめぐって争い事も起こっていたようですが、ご本人は、どこまでわかっていたのかは不明です。

愛田さんは、決して二枚目でも、スタイルが良かったわけでもありません。それでもナンバーワンホストになれた理由は、あの人懐っこい笑顔と会話力にあったのでしょう。男がモテるのは顔じゃない、ハートだと教えていただきました、

ご長男と2ショットで介護施設内で撮影した写真がテレビで公開されていました。トレードマークの口髭はありませんでしたが、あの笑顔は健在でした。

華やかな時代で記憶が止まったまま、幸せに旅立たれたのだと思いたいです。

前の口腔ケアが何より大切です。ちなみにすでに胃ろうを造設していて、かつ口から食べることを禁止されている人のほうが、口腔内に悪い雑菌が増えることがわかっています。口腔ケアの方法については、歯科医や歯科衛生士に指導を仰いでください。

次に、最近よく話題になる逆流性食道炎に注意することです。食後すぐに体を平らにすると胃から口への逆流が起きやすくなります。さらに睡眠薬をなるべく飲まないことも大切です。睡眠薬を飲んで寝ると喉の誤嚥防止機能が緩んで、夜間の不顕性誤嚥が確実に増えてしまいます。さらに、肺炎の予防接種を受けることです。毎年のインフルワクチンと、５年ごとの肺炎球菌ワクチン接種で、肺炎のリスクが半減すると言われています。

誤嚥性肺炎の最大の特徴は、繰り返すこと。いったんは治療できてもまた繰り返す。そしていつかは治療薬が効かなくなる。そもそも誤嚥性肺炎の治療とは、抗生剤の経口か点滴での投与ですが、何度も再発したとき、いつまで治療をするのかという命題があります。あるいは、もはや治療が効かないと思われるときになっても治療をするのか、という命題もあります。それならば、ある時点から治療を控えて呼吸困難の改善を優先させたほうがよいのでは、という意見もあります。すなわち誤嚥性肺炎治療の「やめどき」が医学界でも議論されはじめているのです。

私が在宅で診ている患者さんのなかにも、誤嚥性肺炎で数回入院を繰り返した人がいます。誰の目から見ても衰弱したとき、病院の医師は「もう終末期ですから治療する意味がありません。在宅で緩和ケアを受けてください」と伝えました。「見放された」と感じた家族は涙ながらに私のところへ来られました。

しかし私は、その医師の説明は間違っていないことを、時間をかけて丁寧に説明しました。すると本人も納得され、それから２ヵ月間在宅で過ごして、最後まで食べることができたまま穏やかに旅立たれました。希望しない人工呼吸器につながれることもなく、自然な最期を迎えられたのです。

以上のことは、医療側からの押しつけになってはいけない、とも思います。本人や家族との話し合いを繰り返すことが大切です。治療に効果が期待できなくなってくると、治療のメリットよりデメリットの方が上回るときが必ず来ます。つまりすべての治療において「やめどき」があるはずです。何度も話し合うことで、きっと療養方針が変わっていくと思います。

誤嚥してもいいから食べさせたいと主治医に言ったら怒られました。

認知症の88歳の母が、2ヵ月前に風邪をこじらせて入院し、そこから胃ろうを造っての退院となりました。先月より在宅医療に切り替えました。
食べるのが大好きだった母が日に日に弱っていくのがかわいそうで、長尾先生の本を参考に、「誤嚥してもいいから口から食べさせてあげたい」と言ったら、在宅のお医者様に激怒されました。母がこのまま食べずに終わるのは、仕方ないことなのでしょうか。

A　よくある話ですね。全国どこで講演しても皆さんからの質問は必ずこれです。日本の終末期医療においてとても根深い問題だと思います。

結論から申し上げますと、「食べさせても食べさせなくても誤嚥性肺炎にはなります。いや、食べさせないほうがむしろなりやすいと言えます。誤嚥性肺炎は、治るものは治るし、治らないものはどうやっても治らない。抗生剤の効果には限界があり、呼吸困難に対する緩和ケアのほうが大切。生きることは食べることです」ということです。

食事中にムセやすくなった高齢者が誤嚥性肺炎を起こして入院すると、よく「もう一生食事をしたらダメ」と言われて胃ろうを勧められます。しかし胃ろうを造設しても、誤嚥性肺炎を防ぐことはできません。むしろ胃ろうのほうが誤嚥性肺炎のリスクが高くなります。実は高齢者の誤嚥性肺炎は、夜間寝ている間に口腔内の食べカスや唾液、胃から口に逆流したものが気管内に垂れこむ結果、起きるものです。昼間であればムセて咳をするので痰として排出できますが、睡眠中はそうした喉の反射が低下しているために肺炎に至ってしまうのです。

では、誤嚥性肺炎を予防するにはどうすればいいのでしょうか。第一に、口腔内を清潔な状態に保つことです。毎食後の歯磨きと口腔ケアを欠かさないでください。特に誤嚥性肺炎は夜間睡眠中に起こりやすいことを考えると、寝る

僕より先に…と感謝。妻の死から99日後に旅立つ

津《つ》川《がわ》雅《まさ》彦《ひこ》さん 78歳、心不全

「死は自分の意思ではどうにもならない。今はもう、死は怖くはありません」。

妻で女優の朝丘雪路さん（160ページ）を2018年4月に亡くした俳優の津川雅彦さんは、その1ヵ月後の雑誌のインタビューでこんなふうに語っていました。

同じ頃に行われた記者会見で、車椅子で会場に現れた津川さんは、鼻に酸素注入器、指には心拍数計をつけていました。体調は悪そうなものの毅然とした表情で、「娘を産んでくれたこと、（借金返済のために）家を売ってくれたこと、僕より先に死んでくれたこと……すべて感謝だらけです」と話されていたのが印象的でした。

アルツハイマー型認知症だった妻を見送り、心の整理もついたところだったのでしょう。妻の死から99日後の8月4日に津川さんは旅立ちました。享年78。死因は心不全との発表でした。心不全ということもあって、「突然死だった」と伝えている報道もありましたが、私は突然死だとは思いません。

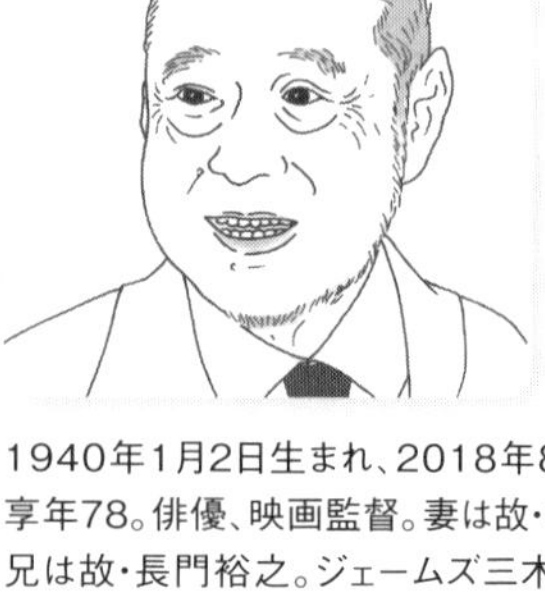

1940年1月2日生まれ、2018年8月4日没、享年78。俳優、映画監督。妻は故・朝丘雪路、兄は故・長門裕之。ジェームズ三木作品、渡辺淳一作品、伊丹十三監督作品などに出演。

慢性心不全

急性心筋梗塞などで急激に心臓が悪くなる「急性心不全」に対し、心不全の状態が慢性的に続いている状態。動悸や息切れなどの症状が出るが、歳のせいと放置したまま重症化する場合もある。

同じ心不全でも、たとえば同年2月に急性心不全で亡くなられた大杉漣さん（62ページ）などは、まさに突然死だったと思います。

しかし、津川さんの場合は肺炎などの病気を長年繰り返し、年齢とともに徐々に身体が弱っていったところでの心機能の低下だったと思います。２０１７年10月に緊急入院されてから、日常生活にも酸素注入器が欠かせなかったという経過から「慢性心不全」だったのではないでしょうか。心不全とは、心臓がポンプ機能を失うことを意味します。死とは心臓が停止することです。だから死ぬときは皆心不全になるとも言えますが、心不全には２つの病態があります。

津川さんは、亡くなるその日も病院で朝食を平らげました。最期までお肉なども食べ、その夕方、ろうそくの火が消えるようにふっと逝った、とのことです。妻の朝丘さんも、亡くなるその日まで普通にご自宅で過ごされて眠るように穏やかに逝かれたとのこと。

つまりご夫婦それぞれが、痛がらず、苦しまず見事な平穏死を遂げられた。しかもお別れ会は一緒に行ったそうですね。一人娘の真由子さんはさぞお辛かろうと思いますが、死してなお、ここまで仲のいいご夫婦はなかなかいません。

数多の映画にご出演された津川さんですが、私は伊丹十三監督作品への出演が印象的です。特に、終末期医療の在り方を我が国でいち早く描いた映画『大病人』（１９９３）で、延命治療絶対主義の医師役を演じた津川さんは素晴らしかった。映画の台詞で「死が怖い！」と叫んだ津川さんが25年後にこんな見事な逝き方をされるとは……。

重厚な存在感を放った俳優がまた一人、いなくなってしまいました。平成最後の夏が、寂しく過ぎていきました。

がんの嵐に見舞われながら第一線で活躍した政治家

与《よ》謝《さ》野《の》 馨《かおる》さん 78歳、肺炎

1938年8月22日生まれ、2017年5月21日没、享年78。政治家。自民党政調会長、内閣官房長官、拉致問題担当大臣、財務大臣などを歴任。歌人与謝野鉄幹・晶子の孫。

「がん患者は働かなくていい」。

心無い国会議員の発言が話題となったのと同じ週、奇しくもがんと闘い続けながら40年あまり国のために働いてきた一人の政治家の命が尽きました。元衆議院議員の与謝野馨さん。78歳でした。

民主党と自民党の両党で大臣を務めたことからもわかるように、波乱万丈の政治家人生でしたが、がんとの闘いにおいては、さらに壮絶で、嵐の連続だったようです。

与謝野さんに最初のがんが発覚したのは39歳のとき。衆議院で初当選をしてからわずか10ヵ月後、濾胞《ろほう》性リンパ腫という血液のがんの一種でした。これは悪性度はそれほど高くありませんが再発率が高く、完治は難しいがんで、当時余命2年と言われたそうです。

「選挙をやる人間は弱みを見せてはいけない。だから、がんが見つかったことは家族や秘書にも言わなかった。国立がんセンターでも偽名で診察を受けていたので、健康保険が利かなか

がん患者は働かなくていい

2017年、受動喫煙防止対策についての自民党の会議のなかで、がん患者の立場を考慮するように求めた三原じゅん子議員に対し、大西英男議員がこのようにヤジを飛ばして波紋を呼んだ。

った」

と後日話しています。10年後に腸間膜にも転移をしましたが、抗がん剤治療と化学療法を続け、なんとかがんを克服。しかし2000年に直腸がんが発覚。これは一度の手術で治療終了。さらに翌年の2001年には前立腺がんが発覚。放射線治療を長年繰り返してきたために、通常の人よりも下腹部にダメージを受けていることから、前立腺の摘出手術はせずに、ホルモン療法を半年行い、その後放射線治療によって、無事回復に至りました。

その翌年の衆院選で復活勝利、小泉内閣時に経済財政・金融相として入閣し、2006年の安倍内閣では税制調査会会長に就任。経済政策通として国会でも一目置かれる存在になった直後、今度は下咽頭がんが発覚。ここでまた、余命2年半という宣告を受けます。

本来であれば、声帯ごとの摘出手術となりますが、政治家にとって命である声帯は残し、首のリンパ節と喉のがん部分だけを切除したそうです。そして、2012年には闘病のすべてを明かした『全身がん政治家』（文藝春秋）という本を出版。政治家は本来、選挙の不利益になるだけなので闘病を明かさないものですが、この本ですべてを告白しています。

「与謝野さんは4つもがんを患いながら、なぜこれほど長生きできたのですか？」

という質問を何人かの記者の方からいただきました。

がんを放置しなかったこと。そして、冷静かつ運が良かったこと。

答えはこの2点に尽きます。もし与謝野さんが治療と仕事を放置していたら、どうなっていたと思いますか？　先の問題発言をした国会議員と、がん放置療法を勧める医師に問うてみたいものです。がん治療をしながら長年第一線で働けることを証明してくれた、与謝野さん。偉大な政治家でした。

「生の最期」を世に問うて選んだ自裁死

西部《にしべ》 邁《すすむ》さん 78歳、自死

1939年3月15日生まれ、2018年1月21日没、享年78。評論家、経済学者。元東京大学教養学部教授。50代の頃から自身の死に方について考察し、実行した。

自殺、という言葉が嫌いです。高校生のとき、私の父がこの死に方を選んだことも影響しているのかもしれません。父は、その数年前よりうつ病を患っていました。自殺という言葉を目にするたび、あの日の感情に引き戻される自分がいます。警察署で遺体確認をしたのは高校生の私でした。自らを殺す？　では殺したのは誰なのか？　殺されたのは？　答えの出ない苦しみにもがいた青春時代でした。私が医者になった理由もここにあります。

評論家の西部邁さんが亡くなりました。２０１８年1月21日の朝7時前、多摩川（東京都大田区）に飛び込みました。その日の未明、自宅から姿が見えなくなったことを不審に思った娘さんが捜索願を出していました。駆けつけた警察官に救出されたときには意識がなく、搬送先の病院で死亡が確認されました。その後、西部さんの知人２人が**自殺幇助で逮捕**されました。亡くなる10日前、西部さんは新聞社の取材を受けていました。

「数週間後、私は生きていない」

自殺幇助で逮捕

我が国では自殺は罪にはならないが、自殺幇助は罰せられる。身体の不自由だった西部さんの自殺を手助けしたとして、知人の二人が逮捕。その後、二人とも執行猶予つきの判決が出た。

と記者に明言し、取材後は神経痛の腕を庇いながら午前4時までハシゴ酒をしていたと。ああ、一度でいいから一緒に呑みたかった。最後の著書『保守の神髄　老酔狂で語る文明の紊乱《びんらん》』（講談社）を思わず買いました。そこには、こんな言葉が綴られています。

〈おのれの生の最期を他人に命令されたり、弄り回されたりしたくない〉

〈自然死と呼ばれているもののほとんどは、実は偽装〉

死の本ばかりを書いている私にとっても、西部さんの言葉は衝撃でした。私は、自然に枯れて死んでいくことが平穏死であると説いていますが、改めて自然に逝くとはなんだ？　と考え直しました。人間が自然だと考えることの多くは他人が関与しており、確かに自然ではないのかもしれませんね。

そして西部さんは、自殺ではなく、〈自裁〉という言葉を使い、本書でも幾度となく死を予告していました。〈自裁死〉、なんとも言えない響きです。

〈自殺〉には、精神的に追い詰められて仕方なく死を選んだ、というニュアンスがあります。一方、〈自裁〉は、自ら〝死にどき〟を決め、冷静に人生に決着をつけるという潔さを感じるのです。本当は2017年の秋に実行したかったが、総選挙があったので少しずらしたというのも、なんとも西部さんらしいエピソードです。

彼の座右の銘は、「狂気に一抹の魅力があることを認めぬわけではないが、それを認めるためにもこちとらが正気でなければならぬ」だったとか。

自殺じゃなくて自裁。老衰じゃなくて、老酔（!?）。狂気と正気の狭間で、人間の心理と国家を論じ続けた老師が、川に身を投げる瞬間に見たものとは、この国の希望だったのでしょうか、それとも絶望でしょうか。

「国のため」人と人との架け橋に

長《なが》野《の》祐《すけ》也《なり》さん

78歳、膵臓がん

皆さんは「フィクサー」という言葉から、どんなイメージを浮かべますか？　裏社会の黒幕でしょうか。私は、この言葉にあまり悪い印象を持っていません。縦糸ばかりが絡み合うこの国の組織社会において、各キーパーソンを繋ぎ、社会のために横糸を紡いでいく……たとえばあの西郷隆盛も、凄腕フィクサーだったと言えるでしょう。

その西郷どんと同じ鹿児島出身の政治評論家、長野祐也さんが２０１８年6月25日に膵臓がんで亡くなりました。享年78。

長野さんは、『政界キーパーソンに聞く』と『医療界キーパーソンに聞く』という二つの名物ラジオ番組を持たれていました。私は医療界キーパーソンとして、この番組に呼んでいただいたことがご縁となり、長野さんと意気投合。

「長尾さん、医療と政治がもっと繋がらなければ超高齢化社会は乗り切れませんよ」と、多くの熱意ある人をご紹介いただいたのです。

1939年6月27日生まれ、2018年6月25日没、享年78。政治家、政治評論家。元鹿児島県議会議員、衆議院議員。ラジオパーソナリティーとしても人気を博した。

最新の抗がん剤
アメリカFDAもしくはヨーロッパEMAでは承認されているが、日本では未承認となっている抗がん剤は多く存在し、この差を「ドラッグ・ラグ」と呼ぶ。自費で使用できる制度も一部ある。

幅広い人脈を持ちながら、私欲に使うことなく利他の心だけで活動しておられました。国の未来のため人と人を繋げることが、何より嬉しそうでした。そんな長野さんから、折り入って相談したいと連絡があったのは、２０１７年春のこと。

実は膵臓がんになった、今後の治療法について相談したい、と。そのときも長野さんは大変冷静でした。悲観する言葉は一切なく、勉強した上で、**最新の抗がん剤**など多くの治療法について勉強した上で、「何が一番得策だと思うか」と尋ねてこられたのです。「諦めることはありません。でも、いつか抗がん剤のやめどきがきます。せっかくの延命治療が縮命治療にならぬよう、やめどきを見極めてください」とだけお話ししました。

お礼の電話をもらったのはその翌週。

「あなたの書いた『抗がん剤10のやめどき』という本を読みましたよ。良いやめどきは、医者じゃなく自分で見つけるしかないんだね。よくわかりました」と。

この3月にもラジオに呼ばれました。かなり痩せられていましたが、言葉が淀むことはなく、鋭いインタビューを受けました。まさかそれから3ヵ月でお別れが来るとは思いもせずに。秘書さんから連絡があり、都内の病院に駆けつけたのは死の2日前の夜。数日前からの持続的鎮静のため会話もままならなかったのですが、「先生、またラジオに呼んでくださいよ」と話しかけると、かっと目を見開き、私を見て、うんと頷かれました。「長尾さんが来たことをわかっていますね」とご家族も驚かれていました。

最期に会話をさせていただいたのは、私かもしれません。「この国のためにしっかり働いてくださいよ」と、大きな宿題を託された気もします。死後、長野さんは故郷・鹿児島に帰られて、薩摩の夏空のもと盛大な葬儀が行われたとのことです。

ロック界のドン「シェキナベイベー！」逝く

内《うち》田《だ》裕《ゆう》也《や》さん 79歳、肺炎

天国の樹木希林さん（１０６ページ）は、最愛の夫との再会に、「遅かったわね」と言うでしょうか。それとも、「あら、意外に早かったじゃないの」と笑うでしょうか。

ロック歌手で映画俳優の内田裕也さんが、２０１９年3月17日に都内の病院で亡くなりました。享年79。死因は、肺炎とのことです。

妻の死から半年後の夫の旅立ち……朝丘雪路（１６０ページ）、津川雅彦（１２２ページ）ご夫妻もそうでした。妻に先立たれた男というのは、目に見えて弱くなる……。

在宅医療の現場においても、生前、妻に悪態をつきまくっていた傲慢な夫ほど、妻の死を境にどんどん元気がなくなっていきます。アルコール量が増え、「死にたい」と繰り返す、セルフ・ネグレクトのような状態に堕ちゆく人も少なくありません。

アメリカのある調査によれば、妻を亡くした男性は、平均よりも30%ほど早死する可能性が高くなるとか。女性においてはそんなデータはないようですが。

1939年11月17日生まれ、2019年3月17日没、享年79。ミュージシャン、俳優。「ロケンロール」の口癖で知られる。妻は故・樹木希林、娘は内田也哉子、娘婿は本木雅弘。

ドキュメンタリー番組
『転がる魂・内田裕也』。2018年7月に、フジテレビ系のドキュメンタリー番組『ザ・ノンフィクション』で放送され、その後、同年10月に京都の映画祭で上映され内田裕也本人も参加した。

しかし、内田裕也さんの場合はそれだけではなかったように思います。

2018年夏に、崔洋一《さいよういち》監督による裕也さんを300時間も取材して完成した**ドキュメンタリー番組**を拝見しました。ナレーションは希林さんが務め、最後の共演を果たしました。

その番組を見たとき、「これは、希林さんよりも先に逝ってしまうのでは」と感じるほど、裕也さんは弱っておられた。長年、心身ともに無茶をしてきた人が、骨折や脱水という「老い」の経過が人より少し早めに表れて、徐々に枯れていくお姿でした。

今思うのは、裕也さんのなかに「希林は絶対に見送ってやる」という、今まで妻に迷惑をかけっぱなしだったからこその夫の意地、いえ、優しさがあったのかもしれないということ。希林さんの納骨時には、別居中のご自宅に顎の骨を持ち帰ったといいます。

波乱と矛盾に満ちた夫婦の半生、と誰かが語っていましたが、男と女なんて死ぬまで波乱と矛盾に満ちているから面白いのです。希林さんも、面白がっていたことでしょう。

報道によれば、今年の1月中旬から裕也さんは発熱をし、誤嚥性肺炎の治療を在宅で行っていたようです。しかし2月20日に救急車で病院に搬送されます。

ただしその後も、娘の也哉子さんの希望もあって、胃ろうなどは選択をせず、「最期まで口から食べること」にこだわりました。ハンバーグ、ステーキ、寿司……好きなものを少しずつ、ローテーションで食べさせたとか。亡くなる前日も大好物のオムライスを召し上がったそうです。素晴らしい。もしかしたら希林さんが生前、暗に指示していたことかもしれません。

最期まで好きなものを食べ、好きなことを言う――究極のロックンロール人生ではないでしょうか。ご夫妻は、同じお墓に入るそうです。

その音楽人生は まさに不死鳥のようだった

平《ひら》尾《お》昌《まさ》晃《あき》さん 79歳、肺炎

1937年12月24日生まれ、2017年7月21日没、享年79。作曲家、歌手。ロカビリーブームのなか活躍していたが、肺結核で長期療養、その後も多数の楽曲を提供し続けた。

『愛は不死鳥』という布施明さんの１９７０年のヒット曲を覚えていますか。この歌、本当は平尾昌晃さんが歌うはずでした。

１９５８年に歌手デビューした平尾さんは和製プレスリーと呼ばれ、まさに飛ぶ鳥を落とす勢いでしたが、デビューから10年後に**肺結核**を患い、長野県岡谷市のサナトリウムに入院します。

戦後の混乱期、肺結核は死に直結する病気で、年間10万人もが死亡していました。１９５０年頃、ストレプトマイシンという薬が開発されて治る病に変わりましたが、平尾さんが発病した頃は2年程度の治療入院が必要とされ、また「胸郭《きょうかく》成形術」といって、肋骨を6本も切除し片肺を圧し潰して病巣を消滅させるという、今では信じられないような手荒な手術が行われていました。肺結核からの生還には決死の覚悟が必要だったのです。

平尾さんはこれらの治療を経て復活。当然、肺機能は半分以下に低下していますから、歌手

肺結核

我が国では明治以降の産業革命による人口集中に伴い、結核が蔓延。「国民病」と呼ばれていた。1951年に「結核予防法」が大改訂され劇的に結核患者は減少したが根絶はできていない。

としては致命的で、音楽界から消え去ってもおかしくはなかったはずです。しかし、平尾さんはこの長い入院生活で、社会福祉の心と作曲の才能を開花させたのです。

「看護師さんや医師、患者さん、見舞に来てくれた人……あのとき助けられた体験はお金に換えられない」

と、チャリティーゴルフや、福祉音楽イベントを立ち上げます。

復活を祝い、作詞家の故・川内康範《かわうちこうはん》さんがプレゼントした詞が『愛は不死鳥』でした。平尾さんは自ら曲をつけましたが、残念ながら歌うことはできず「俺の代わりに」と布施明さんにこの曲を託したのです。

その後は作曲家として『よこはま・たそがれ』や『瀬戸の花嫁』、自ら再びマイクを持ったデュエットの金字塔『カナダからの手紙』など、出す曲どれもが大ヒット。「ベッドで安静にしていると、天井の節穴が楽譜のオタマジャクシに見えてきた」と本人が語るように、病の経験があったからこそ、これらの名曲が生まれたようです。

もちろん、肺結核の後遺症とは生涯付き合わねばなりませんでした。２０１４年には原発性肺高血圧症による肺炎で危篤状態に陥るも復活。その翌年、肺がんが発覚するも体力を考慮し手術は行いませんでした。その後はどこに行くにも呼吸補助器持参ではありますが、精力的に仕事をこなしていたようです。

２０１７年7月13日、体調不良を訴えて都内の病院に入院。21日に急変し、帰らぬ人となりました。享年79。死因は肺炎でした。肺結核から50年あまり、まさに不死鳥のような音楽人生でした。ちなみに平尾さんは死の3年前、岡谷市にできた看護学校に校歌を提供しています。『未来に向かって』というタイトルでした。

おっぱいをこよなく愛した落語家の人生

月《つき》亭《てい》可《か》朝《ちょう》さん 80歳、急性肺線維症

1938年3月10日生まれ、2018年3月28日没、享年80。落語家、漫談家。通称カチョヤン。林家染丸に師事したがのちに桂米朝に入門。「嘆きのボイン」を作詞・作曲し大ヒット。

「一夫多妻制の確立と、風呂屋の男湯と女湯の仕切りを外すこと」

これは落語家で漫談家だった月亭可朝さんが、１９７１年に参議院議員選挙に立候補したときの公約です。１９６９年に、「ボインは〜赤ちゃんのためにあるんやで〜」の『嘆きのボイン』が大ヒット。一世を風靡した直後のことでしたが、残念ながら（笑）、落選しています。ここまで破天荒なパフォーマンスができる芸人さんはもう現れないでしょう。

可朝さんが亡くなったのは２０１８年3月28日のこと。80歳でした。死因は急性肺線維《はいせんい》症との発表です。酸素を体内に取り入れ、同時に不要になった二酸化炭素を外に出す働きを担っているのが肺です。肺のなかには、肺胞という小さな袋状のものがブドウの房のような形でついています。この肺胞の壁に、何らかの理由で炎症が起こり、線維で壁が厚く硬くなってしまうことを「肺の線維化」と呼びます。線維化が進むと、肺がうまく広がらず、呼吸が不自由になっていきます。

新しい薬が開発

厚生労働省は2015年、「特発性肺線維症」を効能・効果とする新薬オフェブカプセル（一般名:ニンテダニブエタンスルホン酸塩）を承認した。この病気で初の分子標的薬となる。

そのため、咳き込むことが多くなり、坂道や階段を昇るときはもちろんのこと、普通に生活しているときさえも呼吸困難を感じるようになります。「肺線維症」は、「間質性肺炎」とほぼ同義の病気と考えていいでしょう。

肺が線維化する理由は、加齢の影響もありますが、ホコリやカビ、ペットの毛などを長年吸い込んでいたことや、薬やサプリメントなどの副作用から起こることもあり、原因を特定するのはなかなか難しいのです。

線維化してしまった肺は、残念ながらもとに戻す治療法はありません。しかし数年前に、分子標的薬という新しい薬が開発されており今後期待したいところです。

病気の進行スピードは人によってさまざまで、数年単位で徐々に進行する人もいれば、数日から数週間で突然呼吸困難が進行して、亡くなる方もいます。

可朝さんの場合も、「急性」と死因にあるので、おそらく急激に悪化したタイプだと考えられます。

しかし、これだけ破天荒な生き方をしてきた人が80歳になるまで大病をせず元気でおられたことに、むしろ驚きを禁じ得ません。

10年前、つまり70歳のときにW不倫をしていた相手の女性に通報されて、ストーカー規制法違反で逮捕。しかし、釈放二日後にヨリを戻したのだと自慢げに語っていました。可朝さんの人生は、何かいつも女性の話がつきまとう。きっと、高齢になっても男性ホルモン値が高かったのではないかと推測します。

２０１７年にはなんと、『嘆きのボイン２０１７』バージョンをセルフカバー発売。死ぬ直前まで、おっぱいのことを考えた人生……心が若くなければ、できない生き方です。

がんと共生しながら、揺らがぬ意志を全う

加《か》藤《とう》剛《ごう》さん 80歳、胆のうがん

1938年2月4日生まれ、2018年6月18日没、享年80。俳優。大学時代から俳優座に入所。「大岡越前」「獅子の時代」などの名演で知られ、紫綬勲章、旭日小勲章を受けた。

酒も飲まず、タバコも吸わず、ギャンブルとは無縁――昭和のスターらしからぬ生真面目で品行方正な二枚目俳優だった加藤剛さん。

ここ数年は、テレビに出演されることは少なくなっていましたが、２０１７年12月に次男で俳優の頼《らい》さんと一緒に『徹子の部屋』に登場。かなり痩せられ面変わりされていました。このときすでに病気が進行していたようですが、元気にお話をされていました。

それから半年が経った、２０１８年６月18日に死去。享年80。胆のうがんでした。

頼さんによれば、同年の３月に体調を崩し、病院で検査したところ、胆のうがんとわかったとのことなので、年末の先の番組にご出演時点では、ご本人はまだ、がんと知らなかったということになります。

胆のうは、肝臓の下にあり、肝臓で作られた胆汁（脂肪を消化するための液体）を溜めておくための臓器です。長さ10センチ、幅は４～５センチほどで洋梨のような形をしています。加

胆石との関係

食生活の欧米化によって、40代以上の日本人に胆石の人が増えている。胆石と胆のうがん関係は未だ解明されてはいないが、胆のうがんの人に手術をするとおよそ60%の人に胆石が見つかる。

藤さんがそうであったように、胆のうがんは、自覚症状が乏しく早期発見が困難ながんの一つです。体重の減少、食欲不振、お腹の右上あたりの痛みや膨満感、黄疸などが症状としては挙げられますが、これらの症状が出てきたときにはもう、かなり進行した状態である場合が多いのです。

なぜ胆のうがんになるのか。明確な原因はまだ不明です。多くの人が持っている**胆石との関係**もまだ充分に解明されていません。

ただ昨今、「先天性膵胆管合流異常」といって、生まれつき膵管と胆管が十二指腸壁の外で合流部分に奇形がある場合に、リスクが高いことがわかってきました。この異常は、腹部CT検査や胆のうポリープの精密検査の際に偶然に発見されることがあり、場合によっては予防的に胆のうの摘出を勧められることもあります。

胆のうがんはステージ1で発見できれば外科手術でほぼ完治しますが、発見時にはすでに他の臓器やリンパ節に転移していて、手術ができない場合が多いのです。

加藤さんもおそらく、発見時にはもう手術の適応がない状態だったのではないでしょうか。しかし80歳という年齢を考えれば、亡くなる3ヵ月前までがんと知らずに、ごく普通に暮らしていたというのは、決して不幸とは思いません。がんとうまく共生ができていた、天寿がんとも言えるでしょう。亡くなる日の朝までご家族と会話し、穏やかに過ごされたそうです。

「松ヶ枝の直ぐなる心保ちたし柳の糸のなべて世の中」。

これは加藤さんが長年演じられた大岡越前が詠んだ和歌です。世間に流されて生きるのではなく、松の枝のように揺らがぬ心でありたい……まるで加藤さんの人生を歌ったようにも感じます。

老々介護の真の形を見せてくれた愛妻家

砂《さ》川《がわ》啓《けい》介《すけ》さん 80歳、尿管がん

1937年2月12日生まれ、2017年7月11日没、享年80。俳優。妻は大山のぶ代。NHK初代体操のお兄さんとして知られる。おしどり夫婦だったが、認知症の妻を残して先立つ。

最近、よくこんな質問を受けるようになりました。

「長尾先生、**老々介護**で、夫が妻の介護をするのは、日本の男には無理ではないですか」

なんとも言えません。夫婦の形は百人百様。「できる人もいれば、できない人もいます」と答えます。

在宅医療の現場において、戸惑っている夫に関しては「お試しで一、二週間やってみたら？それで駄目なら施設入所を考えましょう」とお話することも多いです。それまで妻を冷遇していたり、家庭を顧みなかったりした夫でも、少し介護をやってみると、やり甲斐と、今までの罪滅ぼしができると感じるのか、意外とうまくいくケースもあります。

男の介護で一番大切なこと、それは「一人で抱え込まないこと」に尽きます。男性は悩みを言葉にすることがヘタ。ご近所にはもちろん、娘や息子にも話すことができずに心を閉ざしてしまう。

老々介護

2016年の国民生活基礎調査によれば、介護が必要な65歳以上の高齢者を65歳以上の人が介護する老老介護世帯の割合は、約55%。内、共に75歳以上の世帯は30%と上昇している。

介護殺人や無理心中を起こすのは、７割が男性であることも覚えておいてほしいと思います。

老々介護は、介護する側もされる側も65歳以上という定義が一応ありますが、超高齢化社会となった今、互いが75歳以上、ということも少なくありません。

私自身の経験からすれば、老々介護は80歳が限界だと思います。体力がもちません。

先日、83歳の大山のぶ代さんより先に旅立たれた夫で俳優の砂川啓介さんは、80歳でした。

お二人の間にお子さんはいなかったそうです。しかし、子どもがいないことと老々介護リスクは、あまり関係がないようにも思います（むしろ、子どもがいる方が介護生活がややこしくなる場合も）。

のぶ代さんがアルツハイマー型認知症と診断されたのは、２０１２年の秋。有名人夫婦ということもあり、下の世話まで、啓介さんがお一人で抱えていたようです。精神的に、徐々に追い詰められていった啓介さん。

「でも、僕はカミさんにとってたった一人の身内。俺が頑張らなきゃいけないと思った」と後から振り返っています。しかし２０１５年、親友の毒蝮三太夫《どくまむしさんだゆう》さんから「老々介護を甘く見るな。このままでは啓介のほうがまいっちまう」と言われ、公表を決意。本まで出版しました。公表をしたことで、ご自身が妻の認知症を素直に受け入れられるようになったと語っています。

砂川さんは２０１３年に初期の胃がんを発症、手術をしました。２０１６年には尿管がんが発覚。「妻より先に逝けない」と言い続けながら治療を続けましたが、２０１７年7月11日、帰らぬ人となりました。どれほどの心残りがあったことでしょう。しかし多くの夫に勇気を与えてくれたことは確かです。介護はどうか、一人で抱え込まないで。

慢性心不全でも笑顔の平穏死は叶う

左《ひだり》とん平《ぺい》さん　80歳、心不全

1937年5月30日生まれ、2018年2月24日没、享年80。俳優。テレビドラマ「時間ですよ」で人気者に。コミカルな演技からシリアスまでこなす。音楽家としても知られる。

チャーミングな垂れ目の奥の、眼光の鋭さ。喜劇も悲劇も、彼が画面にいるだけでドラマに重厚さが増しました。左とん平さん、２０１８年2月24日死去。享年80。死因は心不全でした。先にご紹介した大杉漣さん（62ページ）も心不全でした。しかし、同じ心不全でもこのお二人の旅立ち方はまったく違います。心不全といっても大きく分けて急性心不全と慢性心不全があります。

左さんは２０１７年の6月、突然胸の痛みを訴えて、緊急搬送されました。このときの診断名は、**急性心筋梗塞**。年とともにコレステロールなどが血管壁に溜まってコブとなり、このコブの被膜が破れてできた血栓が、心臓の血管を一部詰らせかけた状態が狭心症で、完全に詰まると心筋梗塞となります。至急治療しないと命にかかわる病気です。

幸い左さんは、緊急処置で一命を取り留めました。しかしその後、誤嚥性肺炎を繰り返し、徐々に体力が低下。亡くなる数ヵ月前からは酸素注入器をつけ、会話もままならず寝たきり状態だ

急性心筋梗塞

胸部のほか、顎や首あたり、左の肩や上腕、みぞおちあたりに激しい痛みがある、締め付けられるような感覚、吐き気や気持ち悪さがある場合はすぐに病院へ。急性心筋梗塞は時間との闘い。

ったようです。

闘病のあいだに心臓が全身に血液を送り出すポンプ機能が低下する「慢性心不全」に至って旅立つケースは、珍しくありません。「がん」ばかりがメディアで取り上げられがちですが、日本人の死因の第二位は心疾患。一位のがんで年間37万人が亡くなりますが、これはさまざまな部位にできたすべてのがんの総死亡者数です。これに対し、年間20万人が亡くなる心疾患は心臓という一つの臓器だけの話ですから、心臓がいかに重要な臓器かがわかります。

一昔前ならば、急性心筋梗塞で緊急搬送された時点で、左さんはそのまま亡くなっていた可能性がありました。しかし昨今は医療技術の発達により、多くの命を救えるようになってきました。左さんも、集中治療室での治療後、一時は退院も視野に入れるほど元気になられたということですから、9ヵ月の延命期間は決して不幸ではなかったと思います。ご家族の心の準備もできたはずです。

亡くなられたその日、奥様のご意向で一晩だけ自宅に帰り、翌日に葬儀場に行かれたということです。できるならば、生きているうちに一度、家に帰って来てもらいたかったことでしょう。

左さんと同じように心筋梗塞の治療を受けた後も慢性心不全で入退院を繰り返し、在宅医療を受けながら最期まで口から食べて平穏死される方も、私の患者さんのなかにおられます。

しかし倒れる直前の79歳まで現役として活躍されていたのですから、素晴らしい役者人生でした。

「優しい人でした。怒るようなこともないし。（亡くなったとき）穏やかな顔をしていました」と奥様のコメント。最期まで怒らない、笑顔の人生……私にはなかなか、真似できそうにはありません。

「感謝」を伝えるための生前葬を開催した

安崎《あんざき》 暁《さとる》さん 81歳、胆のうがん

1937年3月3日生まれ、2018年5月26日没、享年81。実業家。元小松製作所代表取締役社長。土木建設業からエレクトロニクス事業へ転向、社の発展に貢献した。

日本の大手建設機械メーカー「コマツ（小松製作所）」の元社長、安崎暁さんは、２０１７年12月11日に、親しい人を１０００人呼んで、都内のホテルで**生前葬**にあたる「感謝を伝える会」を開催しました。

安崎さんは、大学卒業後、１９６１年に同社に入社。１９９５年に社長に就任。バブル崩壊、建機不況のなかで、中国での現地法人を設立するなど、いち早くグローバル化を推し進めて危機を乗り越えた敏腕経営者として知られる人です。その安崎さんに胆のうがんが見つかったのは、２０１７年10月のこと。すでに肺や肝臓などに転移しており、手術はできないと診断されました。無駄な延命治療はやらないと決め、診断から1ヵ月後の11月には生前葬を行う旨、新聞広告を打ちました。なんと迷いなき決断だったのでしょうか。

生前葬はしめやか、ではなく、実に明るく、賑やかに行われたそうです。安崎さんの故郷・徳島の阿波踊りまで飛び出し、誰もが終始笑顔だったそうです。以下は、生前葬の後の記者会

生前葬

生前にお世話になった人に感謝の意を伝えたいと生前葬を行う人が年々増えている。ホテルや葬儀社なども多くのプランを用意している。会費はだいたい1万〜2万円程度。感謝の会と呼ぶことも。

見での言葉です。

「私は、半年前はものすごく元気だったんですね。それと〈今との健康〉落差が大きすぎて……なんか、自分の人生の最終段階で説明責任を果たしていないような感じがしたものですから。私の人生で巡り合った人に……長くは話せなかったのですが、握手をして、ありがとうございましたと言えたことに、非常に満足しています。

延命治療を行わないというのは、まったく私個人の考えですが、社長をやめて会長になってから、〈日本尊厳死協会〉というものに家内とともに入り、無理な延命治療をやらないということを願っていました。家内の勧める食事療法はやっています。私は、がんとの平和的共存と言っています」。

私は、日本尊厳死協会副理事長として、会員である安崎さんがこのようなお話をされたことに深い感銘を覚えました。自分の人生の最終段階での説明責任。まさにこれこそがリビングウイルであり、そして、延命治療を行わないことこそが、がんとの平和的共存。けだし卓見です。

男女の別れ、故郷との別れ、友との別れ、家族の別れ……人生に別れは付き物ですが、大人ならば「ありがとう」で終わらせたい。死んでからでは「ありがとう」が言えません。だから、悲しみよりも感謝が先に立つ生前葬に、私も大いに賛成です。

安崎さんに比べれば、私はまだまだヒヨッ子な年齢ですが、２０１８年夏、還暦を迎えるにあたり、生前葬を開きました。ぜひ私の葬儀に、安崎さんにお越しいただけたらと願っておりましたが、安崎さんは、ご本人の生前葬から半年後、２０１８年5月26日に帰らぬ人となってしまいました。生き方の先輩がまた一人、鬼籍に入られたことになります。

立ちションができなくなったら菅原文太じゃない

菅原文太《すがわらぶんた》さん 81歳、膀胱がん

1933年8月16日生まれ、2014年11月28日没、享年81。俳優。「仁義なき戦い」「トラック野郎」シリーズで知られる。近年は俳優を半分引退し、農業に従事していた。

高倉健さん（172ページ）が亡くなったとき、ショックを受けた方も多かったのではないでしょうか。そして健さんの死から半月後、もう一人の銀幕スターが旅立たれたことも忘れてはなりません。菅原文太さん、2014年11月28日没。享年81。

2007年、文太さんは尿に血の塊を見つけて検査へ行くと、膀胱がんのステージ2と診断されました。全摘手術を勧められます。膀胱がんの発見は、血尿がきっかけになります。放っておくのは命とりです。早期発見であれば、ほとんどの患者さんが完治可能です。ただし、治療後に再発しやすいのも、このがんの特徴です。

文太さんは、膀胱全摘を拒否しました。そして**鎌田實医師**に、こんな相談をしています。

「膀胱を摘出して立ちションができなくなったら菅原文太じゃない。何かいい方法ない？」

すごい台詞です。これ以上、菅原文太さんらしい言葉があるでしょうか。多くの医者は一蹴することでしょう。男らしさと命とどちらが大切なのか？　くだらない、と。

鎌田實医師

かまたみのる。諏訪病院名誉院長、地域包括ケア研究所所長。30代で諏訪中央病院へ赴任し、潰れかけた病院を再生させた。また、地域包括ケアの先駆けを作り、現在も精力的に活動中。

しかし私は、こういう選択もアリだと思います。武士の一分とでも言うべき、譲れない「何か」が、それぞれの人生にあるのです。そして、鎌田医師は多くの専門医に声をかけ、温存療法をしてくれる医師を文太さんに紹介しました。治療内容は、3ヵ月の入院で抗がん剤を3回投与、放射線を23回、陽子線を11回照射するというものでした。

果たして文太さんの選択は間違っていませんでした。治療から5年後もがんの影は見当たらず、「俺は完治した！」と快哉を叫んだとか。そして、がん患者さんに向けて、セカンドオピニオンの大切さについて精力的に講演活動を行うようになりました。

しかしその直後、肝臓に転移巣が見つかりました。奥様は、再発を本人に伝えなかったそうです。

現在、がん発覚を本人に告知することは当たり前となりました。しかし、再発の告知となるとどうでしょうか？　文太さんは、自ら勝ち得た完全復活を喜び、充実した日々を送っていました。そこに再発を告げることが、果たしてよいことなのか？　年齢にもよりますが、大変難しいところでした。

再発から2年間、文太さんは最期まで生ききりました。奥様は次のようなコメントを発表しました。

「7年前に膀胱がんを発症して以来、以前とは違う学びの時間を持ち、〈朝に道を聞かば、夕に死すとも可なり〉の心境で日々を過ごしてきたと察しております」。

私は、「がんは人生を二度生きられる」とよく患者さんにお話をします。がんになったからこその出会いと気づきが、人生を豊かにするのです。文太さんはまさにそのよいお手本。〝仁義ある〟がんとの闘い方を私たちに見せてくれました。

経済学者らしく…最期まで冷静に「有言実行」

石《いし》弘光《ひろみつ》さん 81歳、膵臓がん

平成を代表する経済学者で元一橋大学学長の石弘光さんが、２０１８年8月25日に亡くなりました。死因は膵臓がん、81歳でした。がんが見つかったのは、２０１６年の６月。５年前から膵臓にあった嚢胞が突然がん化したといいます。毎年検査を受けていたのにもかかわらず、発覚時にはステージ４ｂ。リンパ節と肺への転移がありました。発覚時にはもう末期……初期の段階ではなかなか見つからないのが、膵臓がんの怖いところです。

数多の経済学の書を出版した石さんですが、最期の本は自らの闘病を詳細に綴った『末期がんでも元気に生きる』というタイトル。がん闘病記は数あれど、予後の悪い**難治性がん**の代表とも言える膵臓がんの方が本を書くのは珍しいことです。感傷的な描写はほとんどなく、治療の分析と、腫瘍マーカーの変動を棒グラフにするなど、なんとも経済学者らしい、冷静な書です。石さんはこう述べています。

「末期がんと聞くと多くの方は、入院して治療を受けるかあるいは自宅で静かに療養してい

1937年4月9日生まれ、2018年8月25日没、享年81。経済学者。第14代一橋大学学長。政府の税制調査会会長時代には、増税の反面、無報酬を貫いたことで知られる。

難治性がん

難治性がんに、実は明確な医学的定義はないが、5年相対生存率が低いがんや、早期発見が難しく、治療が困難ながんをこのように呼ぶことが多い。膵臓がんやスキルス胃がんなどが挙げられる。

ると考えるらしい。ところが私は、数日間検査入院をした他に、抗がん剤の点滴を最初の2回、病院のルールに従い入院して投与してもらった以外は、日常的にはまったく健常者並みの生活を送ってきた。（中略）スポーツジムにも通っているし、月に1、2回は泊りがけで旅行にも出かけている。いわば私は、元気ながん患者なのだ」。

石さんが私に会いたいと言われたのは、2018年の1月下旬のこと。スーツを着こなした石さんは肌艶よく、抗がん剤の副作用のスキンヘッドもまた粋で、まるでイタリア映画のマフィアのボスのような雰囲気。石さんは私に、抗がん剤のやめどきについて相談をされました。

「今は抗がん剤が効いています。しかし、やめどきがくる。僕が知りたいのは、抗がん剤をやめた後どうなるか？　ということです」。

人それぞれですと答えました。

「人それぞれか。そうでしょうねえ。だからこそ、やめどきは医者じゃなくて自分で決めるしかないのでしょうね」。

そう笑って、築地でお寿司を完食されました。石さんはその後、抗がん剤をやめた後もしばらく元気で、ギリギリまで自宅で仕事をしていました。

「私はね、在宅じゃなくてホスピスで死ぬと決めています。妻に下の世話なんてさせたくないんだ」。

と私に話していた通り、亡くなる直前に、自らホスピス入院を希望。その後食事や栄養の注入を拒否し、たった数日で穏やかに旅立たれたそうです。がんが見つかってから、治療も終末期もすべてシミュレーションをし、見事なほどに、その通りに最期まで元気に生きた。経済学者としての財政の仕事も自分の命の仕舞い方も、いつも「有言実行」の人でした。

がんの人は、可能な限り仕事をせよ、と教えてくれた

野《の》際《ぎわ》陽《よう》子《こ》さん 81歳、肺腺がん

「この2、3日はずっとあなたのことを考えていました。どうしてでしょうね。そういえば死ぬときのことなんかも、呑気に話しあっていましたね。野際さん、あなたのいらっしゃらないこの世界は、寂しいです……」。

これは、２０１８年6月13日に81歳で肺腺がんで亡くなった野際陽子さんに宛てた、友人の黒柳徹子さんのお手紙の一部です。飾らない、徹子さんらしい素直な文章にジンときました。

この2、3日はずっとあなたのことを考えていました――この感覚がとてもわかる気がします。私はあの世とか霊魂とか、実はまったく信じていません。だけど、大切な人が亡くなる直前の、別れの予感のような感覚は確かにあります。在宅患者さんとのお付き合いにおいてもそう。医師の経験則とはまた別の意味で、お別れの直前には、不思議とその患者さんのことをずっと考えていたりします。

あなたのいらっしゃらないこの世界は、寂しい――この気持ちもわかるような歳になってき

1936年1月24日生まれ、2017年6月13日没、享年81。俳優。元NHKアナウンサー。パリ帰りのファッションセンスが人気。数々のドラマや映画で姑役として活躍した。

最期の1ヵ月
個人差はあるが、がん患者さんが寝つくことが多くなるのは、最期の1ヵ月くらいが多い。食欲不振や筋肉の減少で徐々に痩せて、テレビを見る気力もなくなる。緩和ケアの重要性が増す。

ました。生きるとは、お別れを重ねていくということ。私は数年前、母親を交通事故で亡くしました。平穏死の本を書き続けてるのに、両親とも平穏な最期ではなかった。しかし未だ遺品整理が終わらない。母の不在を確認する作業がとてもつらく、寂しいのです。

さて、野際陽子さんの死の報道を受け、どのワイドショーでも、「先月までドラマに出ていて、あんなにお元気そうだったのに亡くなったなんて信じられない！」という旨のコメントを、皆さんが異口同音に言っていましたね。まるで事故か何かで突然死されたような言い方でした。つまり、「がんが進行していた人が、死ぬ1ヵ月前まで元気に仕事をこなしていたことが信じられない！」と言いたいわけです。

しかし野際さんは、奇跡のがん患者だったわけでも、ましてや突然死したわけでもありません。医師から言わせれば、がんで死ぬとは〝そういうもの〟なのです。

急激に体力が低下するのは**最期の1ヵ月**くらい。在宅患者さんのなかには亡くなる前日まで元気にごはんを食べ、普通に会話をし、歩いてトイレに行ける人もいます。

だからこそ、がんの人は可能であれば働いていた方がいいし、自分らしい普通の生活を送っていたほうが、気力も保て、ギリギリまで元気でいられるのです。

野際さんが肺腺がんを患ったのは3年前。娘さんのコメントによれば、二度の手術と三度の抗がん剤治療の〝仕事をしながらの壮絶な3年間〟であったとのこと。

しかし、そんなことはおくびにも出さず、女優として最後まで輝いておられました。がんがあっても美しく、生涯現役でいられることを身をもって教えてくれたと思います。仕事と闘病の両立を諦める時代では、もはやありません。

独身を貫き、生涯青春を全うした

夏《なつ》木《き》陽《よう》介《すけ》さん 81歳、腎がん

1936年2月27日生まれ、2018年1月14日没、享年81。俳優、ラリードライバー。三船プロダクション作品や黒澤作品などに出演。ダカール・ラリーに出場するほどの車好き。

２０１７年末に出版した拙著『男の孤独死』が、おかげさまで話題になっています。多くの取材を受けましたが、「つまり独身男性は孤独死しないために、高齢者になってからでも結婚しておいたほうがいいということですね？」と訊いてくる人がいて、少し戸惑います。

独身男性、イコール孤独な老後が待っている、と考えるのは間違いです。既婚者でも妻との折り合いが悪く、孤独死同然で最期を迎える男性はいますし、逆に、華やかにお祭りのような人生を遂げる独身男性もたくさんいます。

俳優の夏木陽介さんにも、最期まで華々しく好きなことに生きた〝独身貴族〟のイメージがあります。２０１８年1月14日、81歳で亡くなった夏木さんに腎がん（腎細胞がん）が見つかったのは２０１０年のこと。腫瘍は５センチほどあり、左腎臓の全摘手術を行いました。

腎がんは、エコーさえすれば見つかりやすいがんです。健康診断や他の病気の検診などで偶然発見されることもよくあります。

インターフェロン
ウィルスが感染した細胞で作られる特殊なたんぱく質。腎臓がんでは、このたんぱく質を利用したサイトカイン療法を行うが、最近は免疫チェックポイント阻害剤も治療に使われるようになった。

自覚症状としては血尿が重要です。血尿が出たら必ず内科や泌尿器科で膀胱や腎臓を調べてください。腎臓がんの好発年齢は50代〜60代、男性に多いがんで、肥満や高血圧、喫煙がリスクになります。

術後のインタビューで夏木さんは、「今、**インターフェロン**を打っているのですが、これが一番つらい」と語っているので、発見時には転移していたのかもしれません。２０１０年当時は、腎がんに有効な抗がん剤は少なく、インターフェロンなどの免疫療法が一般的でした。現在ではさまざまな分子標的薬が使用可能となり、治療方法は大きく様変わりしています。夏木さんは、がんは完治しなかったものの、その後も大好きなバイクやクラシックカーレースを楽しみ、アクティブにがんとの共存生活を続けていたようです。

しかし２０１７年秋に肺炎をこじらせて入院、胸椎にがんが転移していることがわかりました。12月末、脳の転移から意識不明に。その後2週間ほどＩＣＵに入りましたが、意識が戻ることはありませんでした。

がん終末期の人が、ＩＣＵに長期間入るケースは最近あまり聞きません。大橋巨泉さん（１５６ページ）が同じくＩＣＵの最期でしたが……。もしリビングウイルを書かれていたのなら、さまざまな延命治療を受けることはなかったかもしれません。

夏木さんは80歳の誕生日、ご自身のブログにこう書いています。
「これから先は、〈生きることの原点〉を根本に、仕事は楽しく、遊びは一生懸命に」。
傘寿にこんな前向きな決意を発信できた夏木さんは、孤独な老後とは無縁の人生だったのでしょう。伝説の主演ドラマ『青春とはなんだ』（石原慎太郎原作）から50年経ってもなお、青春の香りを放ち続けた人でした。

高座に上がるためにやれることを精一杯

桂《かつら》歌丸《うたまる》さん　81歳、慢性閉塞性肺疾患

1936年8月14日生まれ、2018年7月2日没、享年81。落語家。古典落語の腕に定評があった他、「金曜寄席」「笑点」など人気テレビ番組のメインキャストとして長く活躍。

「山田君、楽《らく》さんの座布団、全部持っていきなさい」

歌丸がまだくたばらない、死体が喋った等、三遊亭円楽さんの「歌丸死亡ネタ」と座布団の没収。このやりとりはもはや『笑点』の名物でした。死を笑いにできる、唯一のテレビ番組だったのではないかと思います。

しかし数年前から、歌丸さんの健康状態が悪そうで、さすがにもう……と視聴者がヒヤヒヤするのもなんのその、二人の掛け合いは続きました。まるで言霊を逆手に取るかのように。死をネタにできるうちは師匠はきっと死なない……そこに円楽さんの深い愛を感じました。

歌丸さんは２００９年に慢性閉塞性肺疾患（ＣＯＰＤ）で入院。その後も、毎年のように入退院を繰り返します。

２０１５年には腸閉塞にも苦しめられ、昨年の雑誌のインタビューでは、「意識がないまま病院に担ぎ込まれたら、人工呼吸器だとか、そういった延命装置をつけるのは絶対にやめよう

酸素吸入

COPD、肺結核後遺症、間質性肺炎、肺がんなどにより体内の酸素が低い状態が続くと、慢性呼吸不全になり、自宅療養でも酸素吸入が行われる。外出の際は、軽量の酸素ボンベを携帯する。

と（妻と）話し合っているんです。意識がなくて何もわからないんじゃあ、つまらないもん。延命装置をつけても治らない人を何人も見てきましたしね」と語っています。死への覚悟ができていたようです。

でも歌丸さんは鼻からチューブをつけて落語をしていたよ？　と思った方もいるでしょう。しかし、**酸素吸入**＝延命治療とは限りません。その意味合いはその人の病状によって大きく違ってきます。高座に上がるために、やれることは全部やろう……ここ数年の歌丸さんからはそんな気概を感じました。その姿は、多くのＣＯＰＤの人を勇気づけたはずです。

そして２０１８年４月14日、国立演芸場で昼夜２回の高座に上がった後、体調が悪化。息苦しさを感じて、酸素を主治医に言われた量より勝手に増量したそうです。

しかし、ＣＯＰＤでは酸素を吸い過ぎると今度は血中の二酸化炭素が溜まってしまい、意識障害など重篤な事態を引き起こす可能性があります。ですから、ＣＯＰＤの人は酸素の量を自己判断で増やすのは絶対にやめてください。

歌丸さんはその後入院、全公演をキャンセルしました。この頃に絶命してもおかしくない状態だったようですが、奇跡的に持ち直し、病室にお見舞いに来たお弟子さんに、苦しい様子を見せながらも、ギリギリまで小言を言っていたそうです。最期の２ヵ月は、本人の望みとは少し違う日々だったかもしれません。しかし、それよりも落語への想いが勝ったのでしょう。

７月２日、横浜市の病院で死去。81歳でした。一週間後の『笑点』で、円楽さんは泣いていました。「最後に言わせてください。じじい！　早すぎるんだよ！」。だけど、山田君、座布団全部持っていきなさい！の声はもう、聞こえませんでした。

働き者政治家に学ぶ老衰の定義

羽《は》田《た》孜《つとむ》さん 82歳、老衰

戦前生まれの政治家がまた一人旅立ちました。まもなく戦争を知らない人だらけの国会になると思うと一抹の不安を覚えます。

第80代内閣総理大臣・羽田孜さんの首相在任期間は64日、現憲法下では最も短命政権だったことから、当時推奨していた省エネルックと相まって、「袖も任期も短かった」と揶揄《やゆ》されていました。

しかしその後も、小沢一郎さんと新進党を結成、小沢さんと対立後には太陽党へ、さらには新・民主党の結成など90年代の政治のうねりのなかで先陣を切って走っていたイメージがあります。名前の孜は、「孜々《しし》として働く」から取ったそうで、政治手腕の評価は分かれるところですが、名前に負けない働き者だった印象があります。また、政治家の世襲は認めないとし息子を後継者にしなかったことは立派。今この国は政治家も医者も二世、三世だらけ。世襲性を全否定はしませんが、それにより格差と頼りない人間が増えているのは事実です。

1935年8月24日生まれ、2017年8月28日没、享年82。政治家。衆議院議員、第80代内閣総理大臣。新生党、太陽党党首、民政党代表などを歴任。

老衰の定義

明確な定義はないが、病院から在宅死への移行が進められる昨今、「老衰死」は少しずつ増えている。同じ自然な最期であっても、在宅医より病院の医師の方が死因に病名をつける傾向が見られる。

そんな羽田さんに異変が起きたのは２００７年頃。喋り方や歩き方が遅くなり、脳梗塞と噂されていました。２０１２年に政界を引退。多発性脳梗塞の治療に専念します。もしかすると脳梗塞に引き続いて起きた脳血管性認知症も発症していたのかもしれません。

そして引退から5年が経過した２０１７年の8月28日、82歳で亡くなりました。死因は老衰。「82歳で老衰なんて早くないですか?」という質問が、私のところにもいくつか寄せられました。

老衰には明確な定義はありません。老衰の医学的研究はまだ始まったばかりであり、一般的には平均寿命を明らかに上回った人にこの言葉を使うものだと考えています。羽田さんも日本人男性の平均寿命80歳を超えての旅立ちですから、老衰であってもおかしくありません。自宅で亡くなったとの報道でしたので、おそらく在宅医が看取ったのでしょう。

多くの在宅医は死亡診断書に「老衰」と書くことに抵抗がありません。しかし、もし病院であればそうは書かれなかったはず。病院は病気を「治す」場所で、死は「敗北」と捉えるため、何らかの病名が必要と考える医師が多いのです。

大病や事故に遭わなければ、人生の長さは皆同じくらいであると考える人も多いようですが、与えられた寿命というのは、その人によって違うと思います。時間は絶対的尺度でしょうが、過ぎ去る速度はその人によって違うのではないでしょうか。

私自身、医師を目指すと決めてからかれこれもう40年、ずっと走り続け、生き急いできたような気がします。60歳代で力尽きて死ぬかもしれないナと想像することもあります（もちろんそうはなりたくありませんが……）。そのとき、死亡診断書には「老衰」と堂々と書いてほしいと願っています。まずは、そう書いてくれる医者を見つけないと……。

在宅医療のあり方に一石を投じた巨星の死

大橋巨泉《おおはしきょせん》さん 82歳、急性呼吸不全

1934年3月22日生まれ、2016年7月12日没、享年82。タレント、放送作家、エッセイスト、競馬評論家。「11PM」「クイズダービー」の司会で知られる。

この原稿を書いているのは２０１７年7月。大橋巨泉さんが亡くなってからはや一年が経ちました。命日の7月12日、ワイドショーでは大きく扱うかと思いきや、芸能ネタは松居一代さんのことばかり（心のバランスを崩された人を面白おかしく取り上げることには医師として疑問を感じますが）。

ならば私が医師として、哀悼の意を込めてここに書かないわけにはいきません。

巨泉さんは２０１３年にステージ４の中咽頭がんが発覚。リンパ節に転移していましたが、手術でこれを摘出、大元のがんには35回の放射線照射を続けました。

治療の甲斐あって、担当医から「がんはなくなった」と言われましたが、副作用による衰弱が著しく、その後二度の腸閉塞と手術、２０１６年2月には左鼻腔内にがんが見つかり、抗がん剤と再びの放射線治療を受けています。

同年4月より極端な体力低下が見られ、死を意識し始めます。「**安楽死**したい」と口にする

安楽死

日本では終末期に過剰な延命治療を希望せずに、自然な経過に任せることを「尊厳死」、医師が薬などを使用して患者の命を終わらせる行為を「安楽死」と呼ぶ。この二つはまったく違う概念。

ものの、弟から「日本では安楽死は認められていない」と言われ、落胆したとエッセイに書いています。この頃、自宅のある千葉県で在宅医療を始めたものの、最初からトラブルが続きました。在宅医は会うなり「どう死にたいですか？」と訊いてきたとのこと。これには本人もご家族も呆然としたそうです。

また、背中の痛みを訴えたところモルヒネの過剰投与をされ、意識朦朧となりました。不審に思った家族がこの在宅医を調べたところ、元は皮膚科の専門医で、緩和ケアについては素人同然のようであった……という記事が週刊誌に大きく載ったのを覚えている人も多いことでしょう。結局、意識が低下した巨泉さんを見たご家族が救急搬送を依頼。ICUから3ヵ月間出ることのないまま7月12日に、呼吸器不全で帰らぬ人となりました。享年82。

その在宅医やモルヒネの過剰投与についてどう思うか？　という取材を、私はいくつも受けました。国策として在宅医療推進が続くなか、緩和ケアの技術や看取りの経験が未熟な在宅医もいることは事実で、この道のプロとしては不甲斐ない限りです。と同時に、モルヒネ＝怖い薬というイメージが独り歩きしたことは非常に残念です。モルヒネは決して危険な薬ではありません。私も毎日のように使っています。

そして何よりも、一時は安楽死したいとまで言っていた巨泉さんが、なぜ3ヵ月もICUに入ったまま最期を迎えたのか……そもそも、どういう最期を迎えたいのか、ご本人と家族の想いが医師と共有できていなかったように感じました。文書でリビングウイルを表明していたのかも気になりました。

いずれにせよ、巨泉さんは在宅医療に多くの問題提起をしてくれました。この偉大な人の死を無駄にすることなく、より信頼される在宅医を育てていこうと思います。

に売りつけるような在宅医は、それだけでNGと言っていいでしょう。

❺ 「有名在宅医の元で修業した」と売り込む在宅医

これはかなり怪しい。有名人の名前で自分を売り込む人間はどの世界でも信用できません。しかしこれまで何人もそんな医師を見てきました。よく調べると、「少しだけ在籍した」程度だけで、あくまで箔付けのために有名医師を利用しているのは明らかです。

❻ 「夜間対応」について聞いたときの返事があやふやな在宅医

在宅医療は24時間対応がウリです。出動しなければいけないときに備えて、いつでも連絡が取れるようにしておく義務があります。患者さんやご家族が夜間対応について質問したときに、シドロモドロになり、明確に答えられないような在宅医はパスしてください。

❼ 「先生、看取りまでしてくれますか?」という質問にあやふやな在宅医

在宅医とは、患者さんや家族が望めば、最期まで診る医師です。

だから「先生、看取りまでしてくれますか？」と聞かれたら「もちろんです」と答えるはずです。しかしなかにはシドロモドロになる在宅医もいるようで、そんな医師は避けるべきです。

❽ すぐに怒る在宅医

すぐに怒る勤務医はまだ許されても「すぐに怒る在宅医」はそれだけでNGだと思います。患者さんとご家族の想いにどこまでも寄り添うのが在宅医です。

❾ 家族が希望していないのに、やたら「入院」を勧める在宅医

臨床経験が浅く、急変に自信がないのか、何かある度に入院を勧める在宅医がいますが、NGです。不要な入院は患者さんを不幸にします。入院して患者さんが望まない延命治療をされてしまったら、在宅医を頼もうと思った意味がなくなってしまいます。

❿ 「リビングウイル」という言葉を知らない在宅医

在宅看取りとはほぼ「尊厳死」ですが、できれば本人の意思表示があれば助かります。そうした文書を「リビングウイル」と言いますが、医師のなかにはそんな言葉や意味すら知らない人もいます。「本人意思の尊重」が昔から洋の東西を問わず医療の基本であり、在宅医療においてももっとも大切な「倫理」です。

しかしリビングウイルに関心がない在宅医も、残念ですが存在します。そんな人に大切な命を託すことはお勧めしません。

変な在宅医の見分け方を教えてください。

在宅医の良し悪しはなかなかぱっと見ではわかりません。変な人に家族のお看取りを頼んだらあとの祭りです。ぜひ、「こういう在宅医はやめておけ」というアドバイスをお願いします。

A　いやあ、一番答えにくい質問ですね。在宅医のとりまとめ役を拝命しているなか、たいへん困った質問です。しかし、お答えしないわけにはいきませんね。「変な在宅医、10か条」を思いつくまま書いてみましょう。

❶　経歴が不明な在宅医

医者は医師免許を取ったあと最低3年程度は、どこかの研修指定病院で研修を受けなければなりません。そのため、必ず師匠のような指導医がいて、何らかの組織や団体に属しているはずです。しかしそうした「経歴」がまったく不明な在宅医が現実に存在します。何かワケありなのかもしれませんが、怪しい医師は避けたほうがいいかと思います。

❷　患者や家族の目を見ない在宅医

病院の診察室で、パソコン画面ばかり見て患者の顔を見ない医師がいるとよく話題になりますが、在宅医療という世界で患者さんの目を見て話をしない（いや、まともに話ができないのかも…）医師は、それだけで失格だと思います。

❸　地元での評判が無い在宅医

レストランでもなんでも、そこに存在する限りは良くも悪くも何らかの口《くち》コミがあるはずです。在宅医も同じ。町医者も同じ。地元の人にいくら聞いてもなんの評判も聞こえてこないような在宅医は避けたほうがいいと思います。

❹　やたら自費サービスを勧める在宅医

在宅医療は保険診療なので、混合診療は禁止されています。つまり規則に定められたもの以外の医療を「保険外」つまり「自費」として勧める在宅医は法律違反ですし、何よりも怪しいと思います。たとえば特定のサプリメントを執拗

夫に見守られて「ロング・グッドバイ」

朝丘雪路《あさおかゆきじ》さん 82歳、認知症

1935年7月23日生まれ、2018年4月27日没、享年82。俳優、歌手。父は日本画家の伊東深水、夫は俳優の故・津川雅彦。元宝塚歌劇団団員。究極のお嬢様として知られる。

「(死亡) 診断書にはアルツハイマー型認知症。それ以外はありません」。最愛の妻が亡くなったことを報告する記者会見(2018年5月20日)で、俳優の津川雅彦さん(122ページ)は穏やかな口調でそう語りました。

いくつになっても少女のようなお茶目さが魅力だった女優・朝丘雪路さんが4月27日にご自宅で亡くなられました。82歳でした。その後、私はいくつかのメディアから、「認知症って、死に至る病なんですか!? どういうことですか?」と質問を受けました。「えっ!? 今まで死なない病気だと思っていたの? あなた記者でしょ」と逆に私が驚いています。

アルツハイマー型認知症で死ぬとは、どういうことなのか? 今まで、さまざまな形で死を迎えられた方々のことを書いていますが、実は、死因が認知症と発表された有名人は、今回の朝丘雪路さんが初めてなのです。

認知症が進行していくに従い、脳の神経細胞が失われていくため、身体の各機能へ脳が指示

ロング・グッドバイ
少しずつ記憶を失くして家族から遠ざかっていくことから、アメリカではこのように呼ぶことがある。作家・中島京子氏の小説『長いお別れ』(文藝春秋)により、日本でも広まりつつある。

を出すことも難しくなっていきます。嚥下や呼吸や心肺機能も徐々に低下し、死に至るということです。ゆっくりと訪れる終末期は、老衰とほぼ同義と言えなくもありません。

私は在宅医療の現場で、認知症の患者さんをお看取りする日々を送っています。しかし、死亡診断書にこの病名を書くことはありませんでした。直接的な死因が肺炎である場合が多いので、「肺炎と書きますか？　それとも老衰にしますか？」とご家族に尋ねることもあります。なぜかと言えば、死亡診断書に「認知症」と記すことに抵抗があるご家族が多いから。

昨今、日本人の死因に肺炎が増えているのはこうした背景もあるのです。これは、認知症に対してなんとなく偏見を持っている人が多いことの裏返しでもあるでしょう。ですから、今回の朝丘雪路さんの死、そして津川さんの記者会見は社会的に大きな意味を持つものと考えます。大認知症時代の到来と言われながら、「認知症で死んだと思われるのはやっぱり恥ずかしい」という日本人の死生観を変えるきっかけを作ってくれたのではないでしょうか。

アメリカでは、アルツハイマー型認知症による死亡率が１９９９年から２０１４年の15年間で55％増加しました。これは、患者の急増というより、認知症に対する偏見が小さくなってきたことの証左と言えるでしょう。

英語では、この病気のことを別名「**ロング・グッドバイ**」と呼ぶそうです。認知症が進行していく過程は、いわば長いお別れの時間。なんと素敵な別名でしょうか。

「妻が僕より早く死んでくれたことが何よりのプレゼント」と話された津川さん。芸能界屈指のおしどり夫婦と言われた二人のロング・グッドバイには、とても優しく愛おしい時間が流れていたことと想像します。

ニヒルな演劇人生を終わらせた「入浴死」

平《ひら》幹《みき》二《じ》朗《ろう》さん　82歳、死因不明

1933年11月21日生まれ、2016年10月22日没、享年82。俳優、演出家。国内外で高い評価を受ける舞台演劇の役者として、主役から脇役までこなした。

朝晩の気温が下がり、急に冬の足音が聞こえ始める晩秋、空気が澄んでくるこの季節が大好きですが、高齢の患者さんの**ヒートショック**が気になり始める季節でもあります。

寒くなるにつれ、お風呂に入ることが何よりも楽しみという人も多いでしょう。しかし、入浴時の急激な体温上昇によって血圧の変動が大きくなり、脳卒中や心肺停止状態で亡くなる人が年間１万９０００人以上いることがわかっています（厚労省調べ）。実に年間の交通事故死者数の４倍以上。他人事ではありません。

演劇界の至宝とでもいうべき名優、平幹二朗さんも、２０１６年10月22日、お風呂で心肺停止の状態で発見されました。82歳でした。この日、一人暮らしの平さんと連絡が取れなかったことから、近くに住む息子で俳優の平岳大《たけひろ》さんが自宅に駆けつけたところ、浴槽で冷たくなっている幹二朗さんを発見したそうです。穏やかに、眠るように亡くなっていたと語っています。

この日の東京は、朝晩と昼の寒暖差が急に大きくなった日でした。

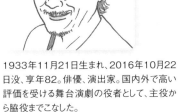

ヒートショック
入浴死の多くはヒートショックが原因と考えられ、室内における高齢者の死因の4分の1を占めるという調査もある。死に至らなくとも、脳梗塞や心筋梗塞など重篤な疾患につながることもある。

私は、平さんが82歳であったことに驚きました。背筋はいつでもしゃんとしていて変わらぬスマートな体形、澱みのない台詞回し、独特のハリのあるお声、脇役であっても主役を凌駕するオーラ……これほど高齢を感じさせない80代の俳優さんは、演劇界広しと言えども他には見当たらないように思います。

平さんは、1956年に俳優座に入団。ハンサムな顔とスケールの大きな演技で、たちまち花形俳優となり、数々の名舞台を残しています。シェイクスピア作品を平さんの出演作で初めて観たという日本人は少なくないでしょう。テレビドラマでも大活躍でした。

亡くなったときも連続ドラマに出演中でしたから、健康状態は良好だったようです。入浴死という言葉には、悲愴なイメージがありますが、考え方によってはこれもピンピンコロリであり、平穏死であるとも言えるでしょう。しかし、平さんはまだまだ素晴らしい仕事ができたはずと思うと、悔しさが募ります。

平さんの死が教えてくれたことを無駄にせず、ご高齢の方は秋冬の季節、次のことを心掛けてお風呂を楽しんくください。

・外気温が高い時間帯に入浴をすること。
・脱衣所も温かくしておくこと。
・シャワーや掛け湯で徐々に体を温めてから浴槽に入ること。
・飲食、飲酒後すぐの入浴は控えること。
・湯温は41度以下で10分以内の入浴を目安にすること。

平さんは、同じく2016年に亡くなられた蜷川幸雄さんの作品においてもなくてはならない存在でした。今も天国でお二人、熱い演劇論を闘わせていることでしょう。

あの声は、決して忘れることができない

市原悦子《いちはらえつこ》さん 82歳、心不全

『まんが日本昔ばなし』（ＴＢＳ系）のアニメが始まったのは、私が高校生の頃でした。部活と受験勉強に明け暮れていた時期でしたが、ときどき、言いようのない残酷さを孕んだ不思議な物語を、つい夢中になって見ていました。

あの番組で７つの声色を使っていた女優の市原悦子さんが、２０１９年1月12日に都内の病院で亡くなりました。享年82。死因は心不全とのことです。

その1ヵ月ほど前に盲腸と診断されています。手術は行わず、薬で治療を終えて12月30日に退院。お正月は自宅で過ごしましたが、5日に再び体調不良を訴え、別の病院に入院。1月7日までは会話ができていたそうですが、徐々に意識が混濁し、帰らぬ人となりました。報道だけでは、盲腸と死因に因果関係があるのかはわかりませんが、寝込んだのはわずか1週間あまり。ピンピンコロリと言えなくもありません。

市原さんは、7年前にＳ字結腸がんを手術。2年ほど前には**自己免疫性脊髄炎**と診断され

1936年1月24日生まれ、2019年1月12日没、享年82。俳優。『まんが日本昔ばなし』『家政婦は見た!』で知られる名優。夫は俳優座養成所の同期だった演出家、故・塩見哲。

自己免疫性脊髄炎

脊髄とは、背骨のなかを通っている神経。自己免疫性脊髄炎は自身の免疫細胞がエラーを起こし、脊髄をやっつけようとする状態。なぜそうなるのかはわかっておらず、症状を抑える治療しかない。

ました。

脊髄とは、背骨に通っている神経のことです。免疫システムが脊髄のなかに異物を見つけたと勘違いし、攻撃することで炎症が起こるのがこの病気。明確な原因は不明です。腰や背中が痺れ、痛むこともあり、思うように動けません。薬で痛みを緩和させるしかないのですが、悪化すると排泄も困難になります。

しかし市原さんは上手に治療と付き合っていたようで、女優の仕事はセーブしていたものの、声優などで活動を続けられました。歳を重ねると、声がかすれたり弱々しくなったりするものですが、市原さんの声には最期まで魔力が宿っていたように感じます。彼女の声でなければ、『まんが日本昔ばなし』もあれだけのお化けアニメ番組になっていたか、どうか。

昔話とはすなわち「死の物語」の伝承であると私は考えます。

かぐや姫が月へ行くということ。浦島太郎が竜宮城で暮らすということ。龍の子太郎の母親はなぜ龍になったのか……死を暗示し、世の無常を子どもに継承していく。それが昔話の役割だったはずです。

平成に生まれた人のなかには、死を見たことがないまま大人になる人も珍しくありません。医者や看護師にもそういう人は多く、終末期を診る医療現場は混乱するばかりです。

この『まんが日本昔ばなし』の映像を小中学校でしっかり見せるだけでも、日本人の死生観は大きく変わるはず。これを読んでいる学校の先生方、どうかよろしくご検討ください。

空襲体験のある市原さんはさらに、「戦争童話」を朗読する仕事も長年続けられていました。死とは何か、平和とは何かを表現し続けた、偉大な女優さんのことをいつまでも忘れないでいたいと思います。

夫婦愛にあふれた最終章を閉じた作家

内田康夫《うちだやすお》さん

83歳、敗血症

「長尾さんは本を出し過ぎです」

とたしなめられることがあるのですが、この御方と比べたら私の著作なんて微々たるもの……累計発行部数１億１５００万部。浅見光彦《あさみみつひこ》シリーズだけでも累計９７００万部。ギネス級の人気ミステリー作家と言えるでしょう。そんな内田康夫さんが、２０１８年３月13日に都内の病院で亡くなりました。83歳でした。

２０１５年夏に、軽い脳梗塞となり入院。その後、休筆宣言をしました。

「療養中ということにストレスを感じ、小説を書けないことにかなり苛立っておりましたが、僕は短歌が好きであったことを思い出しました。そうだ！　小説は無理でも、短歌だったらいけるかもしれない。そう思ったら、気持ちは少し楽になりました。もちろんいずれは小説を書くつもりです。いつまでも浅見光彦を遊ばせておくわけにはいきませんからね。それまではカミさんに協力してもらって、短歌を詠む……」。

1934年11月15日生まれ、2018年3月13日没、享年83。推理作家。「浅見光彦」シリーズで知られ、テレビドラマや映画になった。長野県に「浅見光彦記念館」がある。

感染症をきっかけとして

がん治療などで免疫機能が低下している状態や、糖尿病などの慢性的な病気を持っている高齢者は、細菌やウイルス、カビなどのあらゆる感染源から感染症となり、敗血症につながる可能性がある。

そして、妻で作家の早坂真紀《はやさかまき》さんと〈夫婦短歌〉というHPを立ち上げます。病を機に、より濃密な夫婦関係を築かれていったようにも思えます。

「あと一度 一度でいいから 抱きしめて 片手でなくて 両手で強く」

という真紀さんの歌から、内田さんの半身が麻痺されていたことも伺えます。

二人三脚のリハビリを続けながらも、内田さんはゆっくりと人生の最終章に向かっていかれたようです。報道によれば死因は「敗血症」。皆さんも、新聞の訃報記事でこの病名をときどき見かけることでしょう。高齢や病気によって免疫機能が弱り、**感染症をきっかけとして**さまざまな臓器が機能不全に陥る状態を敗血症と呼びます。肺炎やがんで入院し、治療の末に病院で亡くなった場合、死亡診断書にこう書かれることは少なくありません。日本集中治療医学会によると年間約10万人が敗血症によって死亡しています。しかし、在宅看取りの患者さんの死亡診断書に「敗血症」と書くことはまずありません。少なくとも私は書いたことがない。そこに至るまで濃厚な治療を行うことがないからです。

一方、病院の先生は「老衰」と書くことにどこか抵抗がある人も多いようで、こうした差が生まれるのかもしれません。

短歌のリハビリが功を奏したのでしょう、天才作家の頭脳は最期まで明晰であったようです。先のHPには、亡くなる1ヵ月前の2月15日付で、内田さんによるこんな短歌が。

「助手席に 妻座らせて 下り坂 ブレーキ踏みし 夢の切なく」

夫婦愛にあふれた、人生の下り坂でした。

2日で逝ってしまった元祖・歌姫

ペギー葉山《はやま》さん 83歳、肺炎

ミュージカルの名作『サウンド・オブ・ミュージック』。その劇中歌、ドはドーナツのド……で知られる「ドレミの歌」は、日本人の誰もが歌える曲の一つでしょう。なぜ、ここまで日本でも有名になったのか？　それはペギー葉山さんがブロードウェイで観て感動し、日本に楽譜を持ち帰り、楽しくわかりやすい訳詞をつけたから。

他にも、『南国土佐を後にして』など数々のヒット曲で知られるペギーさんは、２０１７年4月12日に肺炎で急逝されました。83歳でした。現在、日本人の死因の1位はがん、２位は心臓疾患で3位は肺炎です。肺炎による死亡の9割以上は75歳以上の後期高齢者です。

肺炎は細菌性、ウイルス性、非定型の三つに分けられます。高齢者肺炎の多くは誤嚥による「細菌性肺炎」ですが、ペギーさんは「ウイルス性肺炎」でした。ウイルス性肺炎は小児に多く高齢者には稀です。ペギーさんは体調不良を訴えて入院後わずか２日でお亡くなりになっています。80歳を過ぎてもこれといった持病もなく、入院前日まで仕事をしていたということで

1933年12月9日生まれ、2017年4月12日没、享年83。歌手、タレント。ミュージカル『サウンド・オブ・ミュージック』の「ドレミの歌」の訳詞・歌唱で知られる。

急性呼吸窮迫症候群（ARDS）
重症の肺炎、敗血症などにより炎症性細胞が活性化し、肺組織に傷をつけることで起こる重度の呼吸不全。急激に発症する。治療の進歩により死亡率は低下しているが現在でも3〜4割が亡くなる。

すし、３月29日には「越路吹雪トリビュートコンサート」の昼夜２公演のステージをこなしたということですから、ピンピンコロリをイメージした人も多かったでしょう。

一般にウイルス性肺炎の原因としてインフルエンザウイルスが最多で、パラインフルエンザ、ＲＳウイルス、アデノウイルス、麻疹ウイルス、水痘ウイルス、そしてＳＡＲＳ（重症急性呼吸器症候群）などがあります。

インフルエンザ感染の関与により亡くなる人は年間数百〜千人程度います。ウイルス感染に引き続き二次的に細菌感染が起きた結果と考えられています。

もし、体内に免疫を持たないウイルスが侵入したときに体力が低下していると、サイトカイン・ストームという過剰な免疫反応を起こすことがあります。すなわち免疫系の防御反応としてサイトカインというタンパクが過剰に生産され、激烈なアレルギー反応のような諸症状を起こすのです。その結果、肺においては急性呼吸窮迫症候群（ＡＲＤＳ）という重篤な状態に陥り、最悪の場合、呼吸不全から死に至ることがあり得ます。一時的に人工呼吸器を装着して乗り切ろうとさまざまな治療を試みる場合もあります。

しかしペギーさんの場合は、その余裕もないくらい急激な経過だったのでしょうか。

では免疫能を低下させないためには日常生活で何に気をつければいいのでしょうか。月並みかもしれませんが、過労を避け、ストレスと上手く付き合い、充分な睡眠や休養をとることに尽きます。そして手洗いやワクチン接種によるインフルエンザの予防が大切です。

それにしても、たった２日間で急逝されるとは……。昭和の歌姫がまた一人、いなくなってしまいました。

『団塊の世代』に書かれた警告に我々は向き合ったか

堺《さかい》屋《や》太《た》一《いち》さん 83歳、多臓器不全

1935年7月13日生まれ、2019年2月8日没、享年83。元通産官僚、元経済企画庁長官、小説家、評論家。1976年の小説「団塊の世代」で、この言葉を日本に浸透させた。

『平成三十年』という近未来小説をご存じでしょうか。といっても、もう過去なのですね。この小説が全国紙に連載されたのは、今から10年以上も前の１９９７年のこと。

「中山間地域で過疎化が進む、過疎になるから仕事もなくなる」

「名目ＧＤＰは１３００兆にまで膨張し、一方、国債の残高はほぼ２０００兆にまで達している」

「国民の税＋社会保障費の負担も上昇。平均的な給与所得者の場合、給料の14％が年金保険料、20％が所得税、６％が地方税として天引きされている……」

それぞれ数字は違えども、今の危機的状況を見事に言い当てているこの作品を書かれたのが、作家の堺屋太一さんでした。

２０１９年２月８日、都内の病院で死去されました。享年83。死因は多臓器不全とのことです。

『平穏死 10の条件』
2012年刊。15万部突破の長尾和宏のベストセラー。「胃ろう、抗がん剤、延命治療いつやめますか?」というサブタイトルとともに、終末期医療の世界に大きな影響を与え続けている。

多臓器不全は、命を維持するために不可欠な内臓——脳、心臓、肺、肝臓、腎臓などの臓器のうち、二つ以上の臓器が機能しなくなることを言います。

たとえばがんの末期でも、人工透析による腎臓障害でも、重症の感染症でも、急性心不全のような突然死の色合いが強いものでも、あるいは事故や外傷で集中管理の果てでも、死因は「多臓器不全」となることがあります。ですから多臓器不全は病名ではなく、状態なのです。

堺屋さんがどんな疾患から多臓器不全となったのかは報道されていませんが、1月までテレビ出演も執筆活動も変わらずにされていたということですから、報道を見る限りはそれほど重病だったとは思えません。加齢にともない徐々に身体の機能が低下した結果なのかと推測しています。

先の小説はもちろんのこと、70年代に発表した『油断!』『団塊の世代』からずっとこの国の未来を予測、予言されていた堺屋さん。社会保障や医療経済の勉強会にもときどきお見えになっていました。

数年前、ある勉強会でご一緒した際、僭越にも私の著書『平穏死 10の条件』をプレゼントしたことがありました。興味深げにすぐに本をめくっておられました。

長い闘病をされずに旅立ったと聞いて、もしかしたら、過剰な延命治療は拒否されたのでは?リビングウイルがあったのでは? と、本を渡したあの日のことを思い出した次第です。

堺屋さんは自分のことはそっちのけで、国家のために勉強をし、奔走された人です。しかし、『団塊の世代』で書かれた警告を、多くの政治家たち、官僚たちは、重く受け止めてこなかったのでは……。平成ニッポンは何もしなかったと嘆いてもおられました。

この国の「延命」のために命を捧げた人が死んでしまった。漠たる不安がよぎります。

「忍びて終わる」カッコよすぎる日本の男の死

高倉《たかくら》 健《けん》さん 83歳、悪性リンパ腫

1931年2月16日生まれ、2014年11月10日没、享年83。俳優。「日本侠客伝」「網走番外地」シリーズ他、「鉄道員」「ブラック・レイン」など多数の映画に出演、受賞歴多数。

「自分は多分、日本の俳優では一番多く皆さんのようなユニフォームを着た役をやったと思います。一日も早く、あなたにとって大切な人のところへ帰ってあげてください。心から祈っています」。

これは俳優の高倉健さんが生前、富山刑務所で受刑者の人々を前に講演したときの言葉です。早く罪を償ってくださいではなく、早く帰ってあげてください、と言ったさりげない優しさに心を動かされたのを覚えています。

日本映画の巨星、高倉健さん。２０１４年11月10日、悪性リンパ腫のために逝去。83歳でした。

日本人の誰もがお顔を知っている大スターながら、その生き方は実にストイック。プライベートはほとんど表に出て来ないことでも有名でした。今回、どのような闘病をされたのかを改めて調べてみましたが、まったく資料が出ません。事務所からのＦＡＸも、「次回作準備中、

酒井雄哉
さかいゆうさい。天台宗大阿闍梨。7年かけて約4万キロを歩く荒行「比叡山千日回峰行」を2回行ったことや、ベストセラー『一日一生』で知られる。2013年に87歳で亡くなった。

体調不良により入院、治療を続けておりましたが、容態急変にて11月10日午前3：49都内の病院にて旅立ちました。生ききった安らかな笑顔でございました」とだけ記されていました。

悪性リンパ腫は、白血球の一種であるリンパ球ががん化する疾患です。リンパ球は細菌やウイルスから身体を守ったり、がんを攻撃したりする役割を担っています。本来はがんと闘ってくれるはずの細胞ががんになってしまう病態です。このがんは、発生した部位や性質によって症状も進行度も多種多様で、WHO分類では約50種ものタイプに分類されています。リンパ組織は全身にありますから、どの場所に起きてもおかしくはないのです。だから見つけづらい。

初期の段階では自覚症状はほとんどなく、首や脇の下、足の付け根などに痛みの伴わない瘤が見つかって、病院に行ったときにはもうかなり進行した状態……ということも少なくありません。治療の中心は薬物療法（抗がん剤）です。

健さんが果たしてどんな治療をされていたのかは手掛かりがありません。遺作となった映画『あなたへ』は、亡くなる2年前、2012年の公開で、この頃はお元気そうでした。この作品のインタビューで、健さんはこんなことを言っていました。

「肉親の葬式は誰のものも行っていません。自分の都合で撮影は絶対に止めたくないから」。さらに座右の銘として、天台宗の高僧・酒井雄哉さんからいただいたという言葉が紹介されていました。

「往く道は精進にして、忍びて終り悔いはなし」。

まるで健さんの遺言のようにも思えます。究極の平穏死の形かもしれませんね。

難病を前向きな姿勢で捉えた学者魂

篠沢秀夫《しのざわひでお》さん 84歳、ALS

1933年6月6日生まれ、2017年10月26日没、享年84。フランス文学者。クイズ番組「クイズダービー」の名回答者を長くつとめ、珍回答、名回答で人気を博した。

「治療法のない難病にかかるとは、医学の発達前の古代人になったようなものと思っています。今ある姿を楽しむ『古代の心』を持って暮らしましょう」。

これは、２０１７年10月26日に84歳で亡くなった、学習院大学名誉教授で、「クイズダービー」の珍回答で人気だった篠沢秀夫さんの著書『命尽くるとも』（文藝春秋）に書かれていた言葉です。篠沢教授は２００９年にＡＬＳ（筋萎縮性側索硬化症）を発症した後も、変わらずに執筆や講演を続けていました。

古代の人は、ああすれば良かったとか、本当はこうしたいなど余計なことを考えず、あるがまま生きた。だから古代の心を持てば、不治の病にかかった自分を嘆くこともない——医者の私はこの発想に脱帽です。彼は仏文学者でしたが、これは「足るを知る者は富む」と説いた老子の考えとも通ずるものがあるような気がします。

篠沢教授が体に異変を感じたのは２００８年。まず呂律が回らなくなりました。翌年１月に

音声合成装置
2018年に亡くなったスティーヴン・ホーキング博士もALSであった。自分の声にこだわった彼によって、多くの研究者と開発会社が動き、音声合成装置の技術は大きく進歩したといわれている。

ＡＬＳと診断されるも、当初は病気を認めたがらなかったそうです。しかし徐々に進行し４月には呼吸が困難に。気管切開をして人工呼吸器をつけることを決断しました。

ＡＬＳとは、脳や末梢神経の指令を筋肉に伝える運動ニューロンという神経細胞が徐々に変性し、死滅していく病気です。走りにくい、箸が持てなくなった、筋肉痛が治らない、ぴくぴくする等の手足の異変や、嚥下障害も初期症状として挙げられます。

進行のスピードは人それぞれですが、知覚神経や自律神経は侵されないので、記憶や五感、知性は最期まで維持されるのもこの病気の特徴です。ですから篠沢教授も、声は失っても、変わらぬ言語能力で執筆ができたのです。

ＡＬＳの原因については諸説ありますが、まだ不明です。進行を抑える注射薬が最近承認されましたが、根治療法はまだ見つかっていません。今後、遺伝子治療に期待したいところです。〈古代の心〉を持つ一方で、篠沢教授は機械を上手に使っていたように思います。人工呼吸器はもちろん、自分の声を再現できる**音声合成装置**を使い、度々メディアでお話していました。積極的に仕事をこなし、奥様のサポートのもと、進行していく姿を公に堂々と見せていたことに、希望を持った患者さんとご家族は多くいるはず。

私も今まで約二十人のＡＬＳ患者さんを在宅で診てきました。まばたきでの意思伝達装置を上手に使いお喋りを楽しむ人も。ＡＬＳの人にとって人工呼吸器は延命措置ではなく生活を楽しむための道具なので、終末期のそれとは分けて考えなくてはなりません。

〈古代の心〉と最新機器で、人生を謳歌してほしい。不自由だけど不幸ではないことを、篠沢教授は教えてくれました。

舞台の神様に愛され、舞台ファンに愛された

浅利慶太《あさりけいた》さん

85歳、悪性リンパ腫

1933年3月16日生まれ、2018年7月13日没、享年85。演出家。劇団四季の創設者の一人。海外ミュージカルの翻訳上演をスタートし、劇団を企業型劇団へと成長させた。

私は在宅医療を推進する仲間達と劇団を立ち上げ、細々と活動をしています。書積や講演では伝えきれない「尊厳死、平穏死」の本質を、演劇を通して市民に啓発したいという想いから、『ピンピンコロリなんか無理なん知っとう？』という公演を始めて、手弁当で舞台をいくつかやりました。

劇団名は当初、私が「劇団死期」と名づけました……しかし、こんなん浅利慶太さんに知られたら、むっちゃ怒られるやろなあと一抹の不安を覚え、「劇団ザイタク」と変え、阪神間で上演しています。

さて、劇団四季の創設者であり偉大な演出家であった浅利慶太さんが、２０１８年７月13日に都内の病院で亡くなりました。享年85。死因は悪性リンパ腫と発表されました。

悪性リンパ腫とは、白血球のなかでもリンパ球ががん化する病気で、年間１万人あたりに１人が発症します。60歳～70歳代に多く、３対２の割合で男性に多い血液がんの一種です。

『この命誰のもの』
原題は〈Whose Life Is It Anyway?〉。原作はブライアン・クラーク。1978年にロンドンで初演され、その翌年には日本で初演された。「生の自己決定」という現代的テーマにいち早く向き合った作品。

２０１４年に亡くなった高倉健さん（１７２ページ）も、この病気でした。

血液から発生するがんなので、どこの場所にできてもおかしくないのですが、特に首や脇の下、腿の付け根などに腫れやしこりを見つけることが多いです。痛みを伴わないためしこりが大きくなるまで見過ごされることがあります。数週間経っても消えない腫れやしこりがあったら、内科で血液検査やエコー検査を受けてください。悪性と名がついているだけに怖いイメージがありますが、早期発見できれば、固形がんよりも治療成績が高く、完治もあります。

浅利さんが悪性リンパ腫と診断を受けたのは２０１７年9月のことでした。抗がん剤による治療を続けながら、２０１７年12月には『この生命誰のもの』、２０１８年4月には『ミュージカル李香蘭』の演出を手掛けました。『この生命誰のもの』は、「尊厳死」を扱った名作舞台です。１９７８年にロンドンで初演されたものを、浅利さんはその翌年に日本に持ってきたのです。

主人公は事故で全身麻痺となった彫刻家。創作活動を奪われた彼は死ぬ権利を主張するも、主治医は延命治療の必要性を主張します。その台詞の応酬は、40年前の海外作品とは思えないほどリアリティにあふれ、胸を抉ります。

浅利さんは何度も『この生命誰のもの』を再演し続けました。命の終わりを決めるのは誰か？本来なら医者がするべき仕事を、浅利さんが何百倍もの情熱をもって啓蒙してくださった。私は日本尊厳死協会副理事として、大きな敬意と感謝しかありません。

しかし、浅利慶太さんの命は誰のものだったか？

と問われたらそれは、ご本人のものであったというより舞台の神様のものであり、全国の演劇ファンのためのものだったような気がしてなりません。

「手を握って」夫に見せた最後の優しさ

野村沙知代《のむらさちよ》さん 85歳、虚血性心不全

「あっけない。こんな別れがあるのか」……連れ添って40年の妻に突然死なれたときの夫の言葉です。

元プロ野球選手の野村克也《かつや》さんの妻であり、強妻のイメージでタレントとしてもご活躍された野村沙知代さんが２０１７年12月８日に急死されました。85歳でした。

死因は虚血性心不全。この本でも触れましたが、野村さんの一年前に亡くなられた芸能レポーターの武藤まき子さん（80ページ）と同じ死因で、同じ突然死でした。同じく２０１６年に亡くなった、タレントの前田健さん（享年44）もそうでした。**心臓突然死**は突然死のなかで最も多い疾患であると言われています。

沙知代さんは亡くなる前日の７日の夜も、ご夫婦行きつけのホテルニューオータニのレストランでいつものように食事をされたといいます。異変があったのは、８日のお昼頃。先にベッドから起きたのは克也さん。まだ隣のベッドで横になっていた沙知代さんは、克也さんにこん

1932年3月26日生まれ、2017年12月8日没、享年85。タレント。夫は元プロ野球選手、プロ野球監督の野村克也。「サッチー」が愛称。波乱万丈の人生を送った。

心臓突然死

我が国では年間10万人が突然死しているが、そのうちの約6万人が心臓突然死であり、1日に約160人が心臓突然死している計算になる。発症から1時間以内に死亡してしまうケースが多い。

なふうに声をかけました。

「左手を出して。手を握って」。

克也さんは、「そんなことを言うなんて珍しいな」と笑いながら、そっと妻の手を握りました。

その後、二人とも起きて、ダイニングに行き、いつものようにブランチを取ったそうですが、沙知代さんは食欲がなさそうで、一口だけ食べたあとに、そのままテーブルで意識を失ったといいます。

「最後は本当に喋れなかった。『どうしたんだ?』と（こちらが聞いた）だけ……」

と克也さんは記者会見で言葉を詰まらせました。昨日まで一緒にホテルで食事を楽しんだ、しっかり者の奥さんが、突然目の前で意識を失って倒れたわけですから、克也さんの動揺たるや、いかほどだったでしょうか。救急車で病院に運ばれましたが、午後4時過ぎに、夫が見守るなかで死亡が確認されました。「手を握って」と沙知代さんが言われたとき、きっとご本人のなかでは何かしらの死の予感があったのではないかと思います。

年間100人以上のお看取りをしますが、最期に、何かメッセージを残して逝く人は決して珍しくありません。それを受け止めて、手を握ってあげた克也さん。最期の瞬間、伴侶が一緒にいてあげられたことが何よりもよかった。もしもお一人でいるときであれば異状死や孤独死として警察沙汰になっていた可能性も高いのです。それにしても、克也さんの憔悴ぶりが気になります。突然妻に先立たれると急に弱ってしまうのが夫という生き物です。「どこに行ってもサッチーの幻が出てくる」と一周忌で語っていました。孤独に負けず、元気でいてくれることを祈ります。それが奥様への最大のご供養だと思います。

役者人生をスペインの地で終わらせた

日下武史《くさかたけし》さん 86歳、誤嚥性肺炎

日本のミュージカル文化の礎を築いた、劇団四季創立メンバーの日下武史さんが2017年5月15日に療養先のスペインで亡くなりました。86歳でした。死因は誤嚥性肺炎と発表されています。現在、日本人の死因1位はがん、2位は心臓疾患、3位は肺炎です。そして高齢者の肺炎の大部分は、日下さんと同じように誤嚥性肺炎なのです。

年をとって飲み込む力が衰えると、食べ物や唾液が誤って気管に入ってしまうことがあります。咳反射で排出することができれば肺炎に至りませんが、もし喀出《かくしゅつ》（唾や痰を吐き出すこと）できないと肺炎に至ることがあります。

私は、高齢者の外来診療や在宅医療に従事していますが、まさに誤嚥性肺炎の対応に明け暮れる日々です。50回以上も肺炎の治療を繰り返した患者さんもおられます。その方は、10数回の入院加療を要し、4年前に在宅医療に切り替えたあとも3回入院。3回とも一時的に人工呼吸器が装着されましたが、回復し在宅復帰されました。

1931年2月24日生まれ、2017年5月15日没、享年86。俳優、声優。劇団四季の創設メンバーの一人。知的なセリフ回しで多くの観客を魅了した。

絶食指示
介護施設や病院では、誤嚥性肺炎のリスクを恐れてまだ食べられる患者さんに胃ろうなどの非経口栄養を行い、口から食べることを禁止するケースがある。患者さんにとって大きなストレスとなる。

何十回も肺炎治療を繰り返すことができるのは国民皆保険制度がある日本だけで、スペインでは難しいかもしれません。また肺炎を何十回も繰り返せるくらい日本の医療は発達しましたが、一方、どこが人生の最終段階なのかますますわかりにくくなってきました。欧米では、誤嚥性肺炎は病気というより加齢の結果と認識され、一旦は治せてもすぐにまた繰り返すのが特徴なので、最近は「誤嚥性肺炎は治療しないで緩和ケアで対応」という選択も出てきました。

一方、日本では誤嚥性肺炎に伴う医療訴訟を恐れるあまり、まだ充分に口から食べられる人にまで絶食させ、胃ろうの造設を迫る病院や施設が存在します。生きることは食べること。まだ食べられる人への**絶食指示**はあまりにも可哀想です。このあたりの事情は、『ばあちゃん、介護施設を間違えるともっとボケるで！』という本に詳しく書きました。

ぜひ覚えておいてほしい知識としては、たとえ胃ろう栄養にしても誤嚥性肺炎のリスクは減らないということです。また誤嚥性肺炎は食塊の誤嚥ではなく夜間、睡眠中に口腔内に溜ったヨダレ等が気管内に垂れ込んだ結果、徐々に起こる病態なのです。

90歳代の人が誤嚥性肺炎で亡くなられた場合、死亡診断書の死因欄に書く病名を肺炎か老衰かで迷うことがあります。「肺炎か老衰、どちらで書きましょうか？」とご家族に訊いてから書くこともよくあります。

日下さんは異国の地で胃ろうも勧められず、過剰な延命治療もされず穏やかな最期を迎えられたことでしょう。ちなみに日下さんが再婚されたのは亡くなる5年前。日下さん81歳、奥様73歳のときだったとか。老々婚をスペインの地で終わらせる……ドラマティックな人生の千秋楽に、心からの拍手を。

過酷な人生から逃げず…献体に込めた想い

穂積隆信《ほづみたかのぶ》さん 87歳、胆のうがん

1931年7月20日生まれ、2018年10月19日没、享年87。俳優。実の娘由香里との家庭内の葛藤を描いたノンフィクション「積み木くずし」シリーズで知られる。

３００万部。これは、１９８０年代にベストセラーとなった『積木くずし～親と子の二百日戦争』の売上部数です。

現在は3万部を超えればベストセラーと言われるのですから、その出版のインパクトはいかばかりだったでしょうか。この本の著者であった俳優の穂積隆信さんが２０１８年10月19日に亡くなりました。享年87。死因は胆のうがんでした。

穂積さんの娘、『積木くずし』に描かれた娘の由香里《ゆかり》さんは２００３年に持病を悪化させて35歳で急死されています。由香里さんの母親で、穂積さんの前妻である女性もその二年前に自死。家族という積木は、元には戻らなかったのです。

子どもが先に旅立ってしまった「逆縁」の人は、私の在宅患者さんにも何人かおられます。その多くの人が、「私のせいで死なせてしまった」と深い悲しみを背負いながら旅立たれます。

穂積さんには、本がベストセラーになったせいで、自ら家族を壊してしまったという痛恨が

献体
医学、歯学の大学の教育、研究のために自分が死んだ後で遺体を無条件、無報酬で提供すること。献体を希望する場合は、まず、自分が住んでいる都道府県の医科大学や歯科大学に問い合わせを。

ありました。「私の人生は積木くずしに始まり、積木くずしに終わった」とお元気な頃に発言されています。

命を投げ出してもおかしくないほどの過酷な運命……しかし穂積さんは人生から逃げませんでした。トラブルの元となった借金を、80歳を超えても仕事をして返済し続けました。そして胆のうがんが発見されたのは２０１８年8月のこと。胆のうは肝臓の下面に位置し、肝臓でつくられる胆汁という消化液を濃縮・貯留しておく袋の形をした小さな臓器です。

胆のうがんは、初期段階ではほとんど症状はありません。進行してはじめて、発熱、みぞおちや右の脇腹あたりの痛み、食欲不振、体重減少などの症状が出てきます。

さらにがんが進行し、胆管内で胆汁の流れが悪くなると、目や皮膚が黄色くなる黄疸があらわれます。黄疸とともに皮膚が痒くなる、尿の色が濃くなる、便が白っぽくなるなどの症状も加わってきます。穂積さんも黄疸に気がついて病院に行き、胆のうがんと診断されたとのことですから、かなり進行した状態だったことが伺えます。

ご本人は積極的な治療は望まず、「最期は静かに逝きたい。遺体は（医学発展のため）献体してほしい」と希望されました。

医療者は、献体された方々のおかげで解剖実習を行うことができ、人体の仕組みを学びます。医学には「屍（し）は活ける師なり」という教えもあるほどです。

穂積さんがどんな想いで献体を希望されたのかは、わかりません。しかし、娘さんのように若くして亡くなる人を一人でも減らしたいという想いが込められている気がします。親とは、我が子をなくした後もなお、愛情という名の積み木を積んでいくのです。

戦後落語界を支えた笑いの芸達者

三遊亭圓歌《さんゆうていえんか》さん　88歳、腸閉塞

故・立川談志さんさえも「あの芸にはかなわねえ」と降参したという、昭和の落語界の重鎮・三遊亭圓歌さんが２０１７年４月23日、結腸がんによる腸閉塞のため東京都内の病院で亡くなりました。88歳でした。

落語協会の発表によれば、圓歌さんは23日午前に自宅で倒れ、妻が１１９番。救急車で緊急搬送されましたが、病院で死亡が確認されたとのことです。

大腸がんが進行して大きくなると、腸の内腔を塞いでしまい腸閉塞を起こすことがあります。また、腹膜播種といって腹膜にまるで種をばら撒いたようにがんが転移・増殖し、癒着することで腸閉塞に至ることもあります。突発的に下腹部に刺すような痛みが起きたり、吐き気とともにお腹が張ってきたりしたら要注意。圓歌さんのお弟子さんの話によれば、亡くなる前日から嘔吐が始まり、翌日病院に運ばれたときには、すでに意識がなかったとのこと。

私が気になったのは、圓歌さんは在宅医療を受けられていたのかどうかということ。

1929年1月10日生まれ、2017年4月23日没、享年88。落語家、日蓮宗僧侶。三代目の三遊亭圓歌。吃音を治すために落語を始め、吃音者の登場する話も創作した。

救急車を呼ぶべきかどうか
在宅看取りを希望する場合、最期にどんな変化が現れるかを家族は在宅医や訪問看護師を交えて事前に何度かシミュレーションをしておくことが大切。そして119番の前に在宅医に連絡をすること。

特に自宅でがん闘病をしていて何か異変があった場合、看病しているご家族はここで**救急車を呼ぶべきかどうか**、非常に迷うものです。パニックになるご家族も少なくありません。もし在宅医と契約していれば、気になる異変があったときは、24時間いつでも電話で相談できますし、急を要するものと判断すれば、訪問看護師か医師がすぐに駆けつけることになっています。状況によっては病院医と相談した上で、救急車を呼ぼうと判断されることもあります。

私も常時300人以上の在宅患者さんの電話番号が携帯に登録されており、24時間365日いつでも電話に出られる体制でいます。

圓歌さんが、がん終末期であったかどうかは報道からは読み取れないのでなんとも言えませんが、一般に末期がんであるなら、緊急搬送の要請をせずに自宅で充分な緩和医療を受けながら、自然な経過を見守り穏やかな最期を「看取る」という選択肢もあります。また救急車を呼ぶという行為は、心臓マッサージや人工呼吸など「フルコースの救急救命処置をしてください」という意思表示でもあります。

もし搬送途中に死亡した場合、自動的に救命処置が開始され、病院の救急医にバトンタッチされます。蘇生が叶わない場合や末期がんとわかりその処置を中止したとき、経過がよくわからない病院の医師が警察に通報することがあります。その時点から看取りのはずが「事件」となり、「事情聴取や現場検証」が開始される場合があることは、常識として知っておいてください。

「山のあな、あな…」で知られた圓歌さんですが、前職は国鉄職員。吃音を治したくて噺家になろうと決意したとのこと。落語で自らの吃音を治した……どんな名医にもできない素晴らしい治療法でした。

舞台から名女優を遠ざけた圧迫骨折

京《きょう》 唄《うた》子《こ》さん　89歳、肺炎

「夫婦、不思議な縁で結ばれし男と女。もつれ合い化かし合い許し合う、この長き旅の道連れに幸せあれ……」。

これは、私が子ども時代に人気だった番組『唄子・啓助のおもろい夫婦』（フジテレビ系）に流れていた詩。離婚した後もコンビを続けた唄子・啓助でしたが、啓介さんは１９９４年にがんで死去。その後、唄子さんは『渡る世間は鬼ばかり』などで女優として活躍しましたが、２０１７年４月６日に肺炎で旅立たれました。89歳でした。

最近テレビで見かけないと思っていたら、81歳のときに**腰椎圧迫骨折**のために舞台を降板、それをきっかけに、徐々に仕事から離れていたそうです。

圧迫骨折は、高齢者に多い骨折です。ポキッと折れるのではなく、脆くなった骨がぐしゃっと潰れてしまう状態。私は日々、多くの高齢者を診ていますが、「大丈夫！　この調子なら１００歳まで元気だよ」と太鼓判を押すほど元気な人でも、ある日突然、動けなくなるのが圧

1927年7月12日生まれ、2017年4月6日没、享年89。俳優、漫才師。鳳啓助との夫婦漫才で親しまれただけでなく、「渡る世間は鬼ばかり」などのドラマでも活躍した。

腰椎圧迫骨折

高齢者の場合、ある日突然、背中や腰に強い痛みを感じて病院に行くと、腰椎圧迫骨折と診断されることが多くある。潰れた状態で骨が固まると、背中が曲がったり、歩行困難になってしまう。

迫骨折というアクシデントです。

特に女性は加齢に伴い骨密度が低下してスカスカの状態、すなわち「骨粗しょう症」に陥りやすい。現在、我が国に骨粗しょう症の患者さんは1280万人もいると言われています。ちょっと尻もちをついたり、咳やくしゃみをしたりしただけで圧迫骨折や肋骨骨折に至るケースも。また、知らぬうちに圧迫骨折している「いつのまにか骨折」も多くいます。

腰椎5本と胸椎12本の計17本すべてがいつのまにか骨折している80代の女性患者がいました。背中が大きく曲がるため高度の逆流性食道炎も併発していました。この方を詳しく調べると、脳下垂体から出るホルモンの異常が判明して、脳の手術を行うことで骨粗しょう症が改善して驚いたことがあります。

高齢者は、圧迫骨折するたびに生命予後は悪化します。転倒→骨折→入院→認知症の進行→食欲低下→さらに認知症悪化→寝たきり……と転倒・骨折を契機にドミノ倒しのように全身状態が悪化する人が少なくありません。

70歳を過ぎたら骨粗しょう症予防を心がけましょう。それには日々の紫外線を浴びながらのウォーキングと、カルシウムやビタミンDを多く含んだ食生活が大切で、お薬に頼りっぱなしは感心しません。

唄子さんは2回ほど腰の手術を受けましたが思うようには回復せず、2013年に腰椎変性すべり症も発症。車椅子状態となり精神的ショックから胃潰瘍も併発しました。

それでも2016年秋頃までは意欲充分でしたが、徐々に衰弱し、最近は来客も断っていたようです。私の脳裏に焼きついているのは、元気でたくましかった頃の夫婦漫才のお姿です。天国で今頃、「このエロガッパ！」と啓助さんをドついていることと思います。

孤独を勇気に変えて、世界を飛び回った孤高の女性

兼高《かねたか》かおるさん　90歳、心不全

1928年2月29日生まれ、2019年1月5日没、享年90。ジャーナリスト。代名詞『兼高かおる世界の旅』ではプロデューサー、ディレクター、ナレーターまで務めた。

２０１８年末、新聞連載で、平成に鬼籍に入られた人を駆け足で紹介したことがありました。そのなかで大原麗子さんや飯島愛さんのことを書いたら、ネットの掲示板では、「なぜわざわざ孤独死と書くのか？」と非難めいた意見もいくつかありました。

私は、「孤独死」という言葉が平成を象徴する一つのキーワードと考え、あえて書きました。非婚の人が増えるなか、誰もが家族に看取られて死ぬということはもはや幻想です。老年に差し掛かって急に不安になり、「介護と看取りをしてくれる若い女性と結婚したい」と婚活を始める男性もいるようですが、財産目当ての後妻業に引っ掛かってもいいならどうぞ、とつい毒づいてしまいます。また、家族に囲まれていたとしても、醜い遺産争いの声を聞きながら死んでいく人だってたくさんいます。

人は皆、一人で死にます。だから、孤独、または孤独死は寂しくてみじめなものだという考え方は、そろそろやめにしませんか。

後妻業
2014年に出版された黒川博行氏の小説のタイトルから、世に広まる。独身の資産家の高齢者を狙った結婚詐欺のことで、その後、実際の事件でもこの言葉が用いられるようになった。

私は仕事柄、さまざまな人と出会いますが、「一流」と言われる人には一つの共通点があると思っています。それは、孤独を恐れず、勇気に変えて生きているということ。

２０１９年1月5日に亡くなられた旅行ジャーナリストの兼高かおるさんも、まさにそのお一人だと感じます。東京都内の介護施設にて、90歳での本当の旅立ちでした。死因は心不全ということですが、突然死ということではなく、年齢とともに心肺機能が低下した老衰によるものだと推測します。

伝説の番組『兼高かおる 世界の旅』（ＴＢＳ系）が始まったのは１９５９年のこと（当初の番組名は『兼高かおる 世界飛び歩き』）。我が国の海外渡航者が年間1万人という時代でしたから、テレビに映るものすべてが珍しかったのを覚えています。

もちろんスタッフはいたことでしょうが、旅先では一人で決断、決行せねばならぬことも多くあったはずです。こんな女性がおるんや……と幼かった私はテレビを通して新しい女性像を見た思いでした。生涯で訪れた国は１５０ヵ国以上。距離にして地球１８０周。

そんな兼高さんは、生涯独身で通されました。なぜ結婚しないの？　と質問されたとき、彼女は「結婚することがわからない」と答えたそう。女性が専業主婦になるのが当然だった時代のこの発言。その兼高さんの最期が、介護施設でたとえ家族がいなかったとしても、誰がその死を「孤独で可哀想」だと言えるでしょうか？

私は、人間の尊厳は「移動できること」にあると日頃から話しています。認知症の人も、旅行をすると元気になり笑顔が戻ります。

兼高さんの人生は「移動」の連続でした。独身を貫き、一番大切と思うことを実行し続けた人生。その先に訪れた「尊厳に満ちた孤高死」ではないでしょうか。

大好きな〝肉食〟を貫いて平穏な最期を迎えた

菅井《すがい》きんさん 92歳、心不全

1926年2月28日生まれ、2018年8月10日没、享年92。女優。テレビドラマ「必殺」シリーズでは、「ムコ殿!」のセリフで一躍有名になった、名脇役。

ロングセラーとなっている拙著『平穏死 10の条件』のなかで私は、条件の一つに「転倒・骨折をシミュレーションしよう」と書きました。80歳を過ぎても病気知らずだった人が、転倒をきっかけに入院→寝たきり→認知症が進む……というケースはとても多いのです。日々歩いて筋肉量を落とさないことが大切ですが、それでも避けて通れないときはあります。自分や親が転倒し骨折したとき、どうすればよいかを日頃から考えておいてほしいのです。

名脇役女優の菅井きんさんが、2018年8月10日に心不全で亡くなりました。92歳でした。2010年に自宅で転倒し大腿骨を骨折。歩けなくなり、女優業を事実上引退していました。2008年に映画『ぼくのおばあちゃん』で、82歳にして初主演（!）を果たし、世界最高齢初主演としてギネス認定もされましたから、タダ者ではないですね。

「生きている間は頑張って生涯現役でいたい」と宣言した2年後の骨折、それに続く引退は、菅井さんご自身が一番悔しく思っていたに違いありません。

認知症のリスク
75歳以上になったら、過度な肥満でないかぎりは粗食にこだわるよりも、しっかりと動物性タンパク質を摂ることが大切。低栄養は筋肉や骨を衰えさせるのはもちろん、認知症のリスクも高める。

しかし、菅井さんは歩けなくなった後も、元気にしっかりと車椅子生活を送っていました。都内の特別養護老人ホームと、娘さんのいる自宅を行ったり来たりしていたようです。

歩けなくなると、「介護施設か、自宅か」で悩む人は多いのですが、家族と適度な距離感を保ちながら、積極的にリハビリや外出をし、「介護施設も、自宅も」というライフスタイルを選択されたのは、理想的だと思います。

亡くなられる4年前、88歳のときには、老人ホームでの生活ぶりをテレビで公開し、世間を驚かせました。当時女性誌などで認知症という報道があったことに対し、「腹が立ちました。弱い者いじめだと思って」とはっきりと否定されていました。この番組内でも、施設内のレストランで大好きな肉料理（しかも厚切り！）を食べる映像が流れていましたが、亡くなる2ヵ月前まで〝肉食〟生活は続いたようです。そして最期は自宅で、家族に見守られながらの平穏死。

年を取ったら粗食か？　肉食か？　は誰しも気になるテーマです。肉食だから長生きなのか。それとも、そもそも肉を食べられるほどお元気だということか。タンパク質不足が寿命を縮める要因になり、**認知症のリスク**になることもわかっているので、やはり肉食に軍配が上がるでしょうか。しかし80歳を過ぎたあたりからは、「健康のために食べねばならぬ」という発想を捨て、一日三食にもこだわらず、好きなものを好きなときに食べるのが、一番の健康法かと思います。

菅井さんも長生きのためではなく、大好きだから肉を食べていたわけです。日々明るく過ごし、好きなことだけする……それが92歳までお元気だった菅井さん流健康法とお見受けしました。

「草や木のように」生き、枯れるように

笑福亭松之助《しょうふくていまつのすけ》さん 93歳、老衰

1925年8月6日生まれ、2019年2月22日没、享年93。落語家。上方落語界の最長老。形にとらわれない自由な芸風で、明石家さんまの師匠としても知られる。

自分は純粋な「落語家」ではないので「楽悟家」である、と自称されていました。

上方落語の最長老で、吉本新喜劇でも活躍された笑福亭松之助さんが２０１９年２月22日、兵庫県西宮市内の病院で亡くなりました。93歳でした。死因は老衰との発表です。生まれは大正14年の神戸。平成の終わりに、大正生まれの人が一人また一人といなくなってしまうのは寂しい限りです。

松之助さんは、水泳で鍛え上げた体で、80代までは病気知らずだったようですが、２０１８年に奥様を亡くした後より体調を崩しがちになり、誤嚥性肺炎で入退院を繰り返していたようです。

80代、90代となると誤嚥性肺炎を起こすことは珍しいことではありません。この本でも何度かご説明していますが、肺炎は昨今、日本人の死亡原因の上位。超高齢化社会に伴い、誤嚥性肺炎が増えています。全肺炎患者のうち、80代の約8割、90歳以上では9・5割が誤嚥性肺

不顕性誤嚥

不顕性とは、病気が始まっているが、症状が現れていないという意味。つまり、むせていないのに、誤嚥性肺炎が始まっている状態のこと。睡眠中に唾液で誤嚥している場合も、不顕性誤嚥という。

炎であるというデータもあります。

覚えておいてほしいのは、誤嚥と誤嚥性肺炎は別物だということ。食事の際、むせて誤嚥することは誰にでもあります。しかし、反射的に咳をして喀出する力があれば肺炎にはなりません。誤解している人も多いのですが、高齢者の誤嚥性肺炎は、食事中ではなく夜、寝ているあいだに唾液などが肺に流れ込む**不顕性《ふけんせい》誤嚥**によって起こるのです。だからこそ、寝る前の歯磨きは、高齢者こそ大切。

誤嚥が怖いからといって食べさせない、食事の楽しみを奪う介護はある意味、虐待であると私は思いますし、鼻の管からの栄養や胃ろう栄養で口をまったく使わないと、逆に口腔内の雑菌や悪玉菌が増加し、誤嚥性肺炎のリスクを高めてしまうのです。

松之助さんが、誤嚥性肺炎に対してどのような治療をされていたかはわかりませんが、死因が「肺炎」ではなく「老衰」とあることからも、きっと穏やかに旅立てたものと想像します。

松之介さんは、明石家さんまさんの師匠としても有名でした。「明石」は松之助さんの本名です。訃報の際は、「さんまの師匠逝く」という見出しが躍っていましたね。そして、師匠の死に対して、さんまさんがマスコミ記者会見も、文書をＦＡＸすることもなく、「なぜコメントしないのか？」と書かれている記事も散見しました。

松之助さんは、３年前に出した自伝『草や木のように生きられたら』でこのように書いています。

「さんまに私が言ったことはただ一つ、人と同じことをしない」ということ……。

愛弟子のお涙頂戴の記者会見など、ご本人は望んでいなかったはず。その後、さんまさんはご自身のラジオ番組で明るく師匠の想い出を語っていました。

どケチ人生に学ぶ長寿の秘訣

吉本晴彦《よしもとはるひこ》さん

93歳、老衰

東京で丸ビルと言えば、丸の内に建つお洒落なビルをイメージするのでしょうが、実は大阪駅のそばにもマルビルがあります。こちらは本当に円柱形のビルで、高度成長期の大阪を象徴する建物でした。電光掲示板ニュースを日本で初めて流したビルとしてもよく知られています。このビルを建設した実業家の吉本晴彦さんが２０１７年5月30日に亡くなっていたと報道されました。享年93。数年前に転倒してからは歩行困難になっていたものの、穏やかな最期だったといいます。死因は老衰でした。

１９２３年（大正12年）、梅田の大地主の息子として生まれました。３歳のときに父親が、10歳のときに母親が他界。その後祖父に預けられるものの、祖父もまもなく死んでしまいます。

１９５４年に不動産会社を設立。自らを「どケチ」と名乗り、１９７０年、『どケチ人生』なる自叙伝を出版。ベストセラーになると、73年に「大日本ドケチ教」を立ち上げ、「もったいな〜い」と3回唱えるとご利益があると広めました。その独自のキャラクターでドケチ

1923年9月30日生まれ、2017年5月30日没、享年93。実業家。元大阪マルビル会長。「大日本ドケチ教」創始者。大阪財界屈指の伝説的人物として知られる。

こんな研究発表

2016年に「日本老年学的評価研究」の機関誌に発表。男性だけに見られる傾向だった。少年時代、十分食べられなかったことで長寿遺伝子が活性化したのでは？　という仮説を立てている。

ＤＮＡの濃い関西圏では一躍人気者となったのです。

「ケチのケは経済のケ。チは知恵のチ。ケチとシブチンは違う。ケチは、無駄な金（死に金）は使わないが、必要な金（生き金）は惜しみなく使う」が持論でした。

私は、そんなポリシーを持った吉本さんが93歳で、しかも老衰で亡くなられたということに注目しました。医者としての経験上、飽食で贅沢な暮らしをしている人と比べて、粗食や地味なものを食べている人のほうが、健康で長生きしている傾向があると感じているからです。

私の身内にも90代で現役塾講師として毎日バイクで通勤、しかし粗食で医者には一度もかかったことがないという猛者がいます。日中戦争が始まったのが１９３７年ですから、混乱と貧困とともに少年時代を生き抜いた世代です。

東京医科歯科大学の藤原武男教授ら研究グループは昨年、こんな研究発表をしています。

〈終戦直後の混乱期に子どもだった日本人は、貧乏だった人の方が裕福だった人よりも3割以上も死亡リスクが低い〉

戦争を経験している高齢者の多くは、その後成功し、お金持ちになったとしても、食べ物に対してとてもストイックで、必要以上の贅沢はしないものです。好き嫌いなく、なんでも有難く食べる。そして腹八分目ですね。

健康長寿に至る食べ方とはこれに尽きるのではないでしょうか。

戦争を知っている世代が、次々に大往生を遂げていくこの頃。彼らの生き方を勉強し直し、『死に金を使わなければ、健康で長生きできる』という本を書いてみようかと夢想してみたりしています。

係にとっては疾病統計の基礎資料となります。そして残された家族にとっては永遠の「ファミリーヒストリー」として、代々語り継がれるものです。また、生命保険会社にとっては、遺族に「死亡特約」が支払われるかどうかの貴重な「証拠」にもなり得ます。

だから私の場合は後に起きるかもしれないさまざまな出来事を想定しながら、必ず家族全員とよく相談してから書くようにしています。真夜中に亡くなった場合は、朝に相談しながら書くこともあります。介護施設での場合も、できるだけ家族全員の到着を待ってから書きます。そう考えると、高齢者の死亡診断書に記される病名は医学的要素より、多分に社会的要素のほうが大きいと感じます。

病院の先生は総じて「老衰」と書きません。一度も書いたことがない医師もたくさんいます。そんな病名はないとか、一生書かない、と宣言している医師もいます。たしかに100歳の大往生でもアラさがしをすれば、すぐに病名の１つや２つは見つかります。人によっては５つも６つもあるでしょう。人が死ぬのですから、それなりの理由があるといえばあるのです。

急性心筋梗塞の裏には糖尿病や高血圧があり、その裏には酒とタバコがあり、その裏には悲しい生い立ちに起因したうつ病があったりもします。

しかしそれでも平均寿命を大幅に上回るまで生きたならば、いくつかの病名は生命力により既に「相殺」されていると考え、「老衰」という２文字で総記する行為が許されると考えます。

まとめとしては、高齢者の死亡病名には多分に医師の主観が入ります。

しかしそれは悪いことではなく、それも医師の「裁量」であると考えます。本人の名誉や家族の意向にも「忖度」があっていいのが、高齢者の死亡病名ではないでしょうか。

だから自分の最期を委ねる「主治医」を選ぶ参考として、専門医資格や実績の他に、「これまで書いた死亡診断書の総枚数と死亡病名の内訳」がわかれば、高齢者にとって助かるだろうになあ、といつも思います。

死因を「老衰」と書けるのはどんなとき?

開業医です。長尾先生はよく老衰死について言及されていますが、「老衰死」と死亡診断書に書くときは、どんな尺度をお持ちでしょうか? 具体的には、何歳以上というのはありますか? ご家族から、「老衰と書いてほしい」と言われたのならばともかく、自ら書くことに抵抗はありませんか。たとえば、誤嚥性肺炎が直接的な死因でも、「老衰」と書かれるのでしょうか。教えてください。

A はははは。抵抗どころか私は大好きですよ。「老衰」と書くことはよくあります。年間100枚くらい死亡診断書を書きますが、「がん」が半分だとしたら、残りの大部分を「老衰」と書いています。もちろん、がん死か老衰死が迷うことがあります。認知症や慢性心不全、COPD、肺炎があっても、「そもそもそうなったのは歳のせいだよね」と思われる場合は、「老衰」と表記するときがあります。

「老衰死」に特に年齢制限はないと思います。少なくとも私は知りません。しかし私のなかでは一応、「平均寿命以上」という基準があります。どう見ても、どの臓器も悪くなく加齢に伴う衰弱としか考えられない場合には、75歳の男性や80歳の女性の死亡診断書に「老衰」と書いたこともありますが。

そもそも人生とは長さだけではありません。「濃度」や「密度」も重要です。これは人によって違います。大好きな歌手である尾崎豊さんや美空ひばりさんの人生は決して長くはなかったですが、中身はとても濃かった。だから、人生は暦時間だけで判断するものではないと考えます。

しかし死亡診断書はいろんな意味で大切な書類です。特に死亡病名は書き直しがきかない重要な項目です。役所の戸籍係にとっては人口統計に、保健所の疾病

3度のがんを克服し
大往生を成し遂げた哲学の人

梅《うめ》原《はら》猛《たけし》さん 93歳、肺炎

日本を代表する知の巨人がまた一人逝ってしまいました。哲学者の梅原猛さんが、２０１９年1月12日に京都市内の自宅で亡くなりました。享年93、死因は肺炎ですが、限りなく老衰に近いものとお見受けします。梅原さんは60歳のときに大腸がんになり、72歳のときには胃がん、82歳のときに前立腺がんを患いました。最初のがんを患ってから30年以上も偉大な仕事をし続けられたことに、60歳の私は、ただただ頭が下がります。

「人生は、ただ向こうから与えられるものではない。自ら創ってゆくものである。自ら創ってゆくにはやはり三つの段階が必要なのだ。

ラクダの人生とライオンの人生と小児の人生。言い換えれば、忍耐の人生。勇気の人生。そして創造の人生である」

若い頃に読んだ、梅原さんの著書に書かれていたこの言葉を今もときおり思い出します。人生の3段階が忍耐、勇気、そして創造だとはなんともユニークな提言です。創造の時代が、

1925年3月20日生まれ、2019年1月12日没、享年93。哲学者。日本人の精神性について深く切り込み、日本古代史に大胆な仮説を展開してきた。

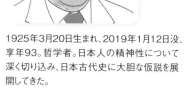

臓器移植法

1997年施行。2010年改正。脳死と判定された人からの臓器提供のルールを定めた法律。日本で臓器の移植を希望し待機している人は約14000人で、実現している人は約400人。

一番最後にやってくるというのが、またいいではないですか。私も還暦なので、創造の時代に突入したいのですが、現実はなかなかうまくはいかないものです。

もう一つ、梅原さんの著書から教えられたのが、「草木国土悉皆成仏《そうもくこくどじっかいじょうぶつ》」という涅槃《ねはん》経にある言葉です。日本で最初に言い始めたのは空海さんらしいですが、元はお釈迦様の言葉だとか。草や木のように心を持たないものでも仏性を有しているからすべて成仏できる、という意味です。このような仏教思想を研究し続け梅原さんは、脳死の人からの臓器提供を可能とした「**臓器移植法**」に反対をしていました。

脳にのみ魂が宿り、身体は機械に過ぎないという西洋哲学的な二元論は日本人には合わないとの主張です。施行当時、提供者の意思確認がないまま移植手術が行われた事例が立て続けにあり、ことさら梅原さんは危惧を抱いていたようです。

しかし臓器移植法で救われた命もあります。肉体とは一時の借り物で、死んだ後に臓器を他人様に使ってもらうという考えもまた、仏教的かもしれません。しかし、あくまでも本人の意思ありきです。私が啓発し続けている「リビングウイル」と一緒に臓器提供の意思も元気なうちに書いておきたいもの。それがない人の臓器提供には反対です。一度、この件について梅原さんとお話がしたかったのですが叶わず残念でした。

最期は自宅で子どもや孫たちに見守られ、「おじいちゃん、ありがとう」という言葉を聞きながら満足げな表情で旅立たれたそうです。「すばらしい大往生だった」と息子の賢一郎さん。なんと良い旅立ちでしょう。己の最期を子や孫に見せること。それもまた、創造の人生ではないでしょうか。

「在宅医」とはどうあるべきかを問うて去った

早川《はやかわ》一光《かずてる》さん 94歳、多発性骨髄腫

1924年1月3日生まれ、2018年6月2日没、享年94。医師、ラジオパーソナリティー。老年期を前向きに生きるための著書多数。「自分の体は自分で守る」がモットー。

私が在宅医療に従事して、はや四半世紀が経ちます。

今、在宅医には二種類いると感じます。「在宅医療」という言葉ができてから始めた医者と、そんな言葉がなかった時代、外来に来られなくなった患者さんの自宅に行き看取りまで行ううちに、気がつけばそう呼ばれるようになっていた医者です。

私は、ぎりぎり後者の人間です。昔の町医者は、考えてみれば皆、在宅医だったはず。「ばあちゃんの具合が悪いので来て欲しい」とドアを叩かれるまま、往診していたのです。しかし、１９７６年に病院死が在宅死を上回り、２００５年には8割の人が**病院死をする時代**となって、在宅医療は特殊な医療のように思われる存在になりました。

そんな在宅医療の先駆者であり、尊敬する大先輩だった早川一光さんが、２０１８年６月２日に亡くなりました。享年94。

２０１４年より、多発性骨髄腫で闘病生活を送られていました。大先輩の葬儀に京都へ駆け

病院死をする時代

我が国で病院死が在宅死を上回ったのは、1976年のこと。その後、病院死は増加をし続け、2005年に82.5%でピークを迎えた。しかしその後は減少傾向で2016年には75.8%になった。

つけたいと思いましたが、本人の遺志で葬儀・告別式は行わないとのこと。

早川先生は1924年（大正13年）満州生まれ。父親は、満鉄病院で医師をしていたといいます。ご本人は京都府立医科大で医療を学びました。終戦直後で医療環境の恵まれない時代、西陣の住民が出資した診療所の医師となりました。

それから半世紀以上にわたり、「自分の身体は自分で守ろう」をモットーに、地域医療に邁進。認知症でもがんでも、自宅の畳の上で死んでもらいたいと町を回り続けて、「わらじ医者」の愛称で地元の人から愛され続けました。「認知症の人と家族の会」の設立にも尽力されました。

在宅医療こそが最高の医療、と言い続けた人生でしたが、しかし、自分が患者になってから、その思いは少しずつ変わっていきました。

昨今の在宅医療があまりにもシステマティックで「こんなはずではなかった」と発言し始めたのです。来てほしいときに医者が来てくれるのが在宅医療の根幹のはずが、「2週間に1回来るからそれ以外はあまり連絡をよこすな」とまで言う在宅医がいる、と。

奇しくも私は、同じタイミングで在宅医の質の格差に疑問を抱き、『痛い在宅医』という本を出版し問題提起をしたところでした。

現在、在宅医療は特殊な領域です。さまざまな事情のあるご家庭にお邪魔して、病気だけでなく人間や生活を丸ごと診なければ、よい在宅医療を提供できません。つまり「人間」が好きでなければ、できない仕事です。しかし現状では、国はそんな原点はともかく在宅医の数を増やそうと躍起になっている。大切な何かが忘れ去られかけている……多くの後輩に、辛辣なメッセージを残された早川先生。それでも最期は、ご自宅で旅立たれたようです。

戦争体験者の目で、日本人を愛し続けた

ドナルド・キーンさん 96歳、心不全

1922年6月18日生まれ、2019年2月24日没、享年96。アメリカ合衆国出身の日本文学者。日本文学と日本文化研究の第一人者。震災の後、日本国籍を取得していた。

平成とともに忘れたいこと、終わらせたいこともたくさんありますが、忘れてはならないこともまた、たくさんあります。「３・11」の東日本大震災も忘れてはならないこと。８年前、日本に住むのは危ないという噂が流れ、日本を離れた人もたくさんいました。本国から避難命令が出て、母国へ帰った外国人も多くいたそうです。しかし、その逆もいた。

「日本から外国人が逃げ出し、腹立たしかった。私は日本人とともに生き、行動し、ともに死にたい」。

そう決意し、89歳で日本国籍を取得したのが、日本文学研究者のドナルド・キーンさん、いえ、日本人になってからはキーン・ドナルドさんでした。そのキーンさんが、２０１９年２月24日に都内の病院で亡くなりました。96歳でした。死因は心不全とのこと。

報道によると、２０１７年の夏あたりから体調を崩すようになり、２０１８年の９月に入院。心臓や腎臓などが徐々に弱っていき、10月半ばには「いつ何があってもおかしくない」と医師

大好きなアイスクリーム
死ぬ直前は何も食べられないと思っている人も多いが、そんなことはない。在宅で平穏死している人は、前日に外食できたり、亡くなる数時間前までアイスクリームやバナナを食べて旅立つことも。

から言われていたそうです。

養子縁組して家族になられた浄瑠璃三味線奏者の誠己さんによると、「苦しむことなく、穏やかに眠りについた」とのこと。大好きなアイスクリームも、最期まで召し上がっていたといいますから、大往生といえるでしょう。

これだけ日本を愛し、憂いてくれた人に、日本の医療は素晴らしかった、と最期に思ってもらえたらと願わずにはいられません。

キーンさんが初めて訪れた日本は、戦時中の沖縄でした。1945年、アメリカ軍の通訳兵として「上陸」したのです。その前に訪れたアッツ島では、日本軍の玉砕を目の当たりにしていました。北谷町に上陸し普天間へ。そこで、捕虜になることを恐れ自死しようする人たちに「死ぬな！」と呼びかけたこともあったそうです。

「捕虜になると女性は強姦され、子どもは殺されると日本軍の文書にはあった。だから、死ななくていい人たちが命を絶った。日本軍の上層部がしたことは本当に許せない」と語っておられました。日本兵の日記も、たくさん翻訳されていました。

「人間はマス（集団）の一部になると性格が変わる。戦争下、日本人にもそういうことがあった」。

そう、キーンさんはアメリカ人でいながら、日本の戦争体験を語れる人でもあったのです。その後、何度も沖縄を訪れて、反戦の想いを語られています。「沖縄の人は十分苦労した。他県の人が苦労しないのは不公平だ。米軍にも言い分はあるだろうが、なぜ沖縄に米軍が必要なのかわからない」

キーンさんが旅立ったのは、図らずも沖縄県民投票の日（2019年2月）でした。

数々の名言を残した
我が心の師の尊厳死

日《ひ》野《の》原《はら》重《しげ》明《あき》さん　105歳、呼吸不全

1911年10月4日生まれ、2017年7月18日没、享年105。医師。「生活習慣病」という言葉の提唱者。シニアから子どもまで、どう生きるかを提案し続けた。

「私には余生などないよ　これからぞ」

これは日野原重明先生が、１０４歳のときに詠んだ俳句。先生は98歳で俳句を始め、なんと１０４歳で句集『10月4日　１０４歳で　１０４句』を出版しました。その夏、私は聖路加国際病院に日野原先生を訪ねました。実は先生は、私が副理事を務める日本尊厳死協会の会員になられていたのです。そのとき、私にこんな話をしてくださいました。

「あなたは**マルティン・ブーバー**という人を知っていますか。人は創《はじ》めることさえ忘れなければ、いつまでも若くいられると説いた哲学者です。もう歳だから新しいことはできない、そう思った瞬間から人間は老いる。だから長尾さんも医者として、まだまだチャレンジしてくださいよ」

なんと奥深い言葉でしょう。そして固く私の手を握ってくださいました。医学の奥深さを私に教え続けてくれた永遠の師が、巨樹が静かに倒れるようにして２０１７年7月18日、天に召

マルティン・ブーバー
我と汝が語り合うことで世界は拓けていくという「対話の哲学」を提唱したオーストリア出身のユダヤ系宗教哲学者。日野原さんは生前、尊敬する人物として、よくブーバーの名前を挙げていた。

されました。105歳と9ヵ月の人生でした。先生が体調不良で入院し、口から食べられなくなったのは同年3月のこと。主治医は先生に二つの質問をしたそうです。

1　経管栄養や胃ろうをしますか。

2　自宅に帰りますか。

先生ははっきりと、1には「やらない」と、2には「帰りたい」と答えたそうです。そこから4ヵ月間、息子さん夫婦に支えられ、とても穏やかで平和な日々をご自宅で過ごされたそうです。そして最期は、家族の皆さんや主治医や看護師さんに向かって、「ありがとう」と言葉を遺して旅立ったと、告別式でご長男が話しておられました。

先頃旅立たれた小林麻央さん（16ページ）は、海老蔵さんに「愛している」と遺し旅立ちました。しかし医師のなかには、死ぬ間際に言葉など言えるわけがない、海老蔵さんの妄想ではないか、と主張する人も多くいました。そう言う医師は残念ながら、過剰医療の果ての「延命死」しか見たことがないのでしょう。「尊厳死」では最期まで話す人は珍しくありません。今回、日野原先生もそれを証明してくださった。尊厳死、平穏死を提唱する町医者として、私の方こそありがとうございます、という気持ちです。

また、日野原先生の死因は「呼吸不全」となっていますが、もしも私が主治医ならば、「老衰」と書いていたはず。主治医の先生は聖路加国際病院の院長でしたから、死因欄に何か病名をつけることが慣例なのかもしれません。しかし見事な老衰、見事な尊厳死でした。

何を隠そう、日本において一番はじめに終末期医療に尽力したのが日野原先生でした。その教えを胸に、私も創《はじ》めることを怖れずに終末期医療に邁進し、余生など考えず、患者さんのために死ぬまで生きたいと思います。

おわりに

仏教に「生病老死」という言葉がありますが、人間の死だけは最新医学の力をもってしても避けることはできません。しかし少しの智慧さえあれば本人も家族も満足する最期を遂げることは決して不可能ではないと感じます。

私は年間100人以上の最期に関わる在宅医でもありますが、在宅医療は患者さんとの距離が近いので、患者さん本人やご家族とじっくり対話をすることで納得できる最期を迎えることができます。しかし、100人の死はそれぞれ全く違うものです。病気や経過だけでなく、病気との向き合い方や療養生活、まさに生き方は百人百様で、毎朝毎晩、学びと感動があります。それぞれの最期が1冊になるくらいの壮大な物語です。その感動を、そのまま多くの人にお伝えしたい衝動にかられることもあります。しかし医療現場には「医師法」や「個人情報保護法」という大きな壁があり、叶いません。

一方、有名人にも患者と医師の関係性においては個人情報保護法が適応されますが、メディアに公開されている情報を、第三者として解説する行為は許されています。

昨今のマスメディアやSNSの発達で、有名人の訃報が発表されると様々な記事が流れています。しかし書き手が医療の専門家でなければ誤った解釈も流れてしまいます。

そこで私は、有名人の死を一般の人がどう受け止めればいいのか、町医者の立場で精一杯解説したつもりです。

本書ができるきかっけを与えて下さった、夕刊フジ編集部の森康成さんと菊池昭光さん、そしてイラストを描いてくださった黒澤麻子さん、いつも装丁でお世話になっている秋吉あきらさん、そして何よりも、感動的な人生の物語を教えてくれた故人の皆様に心から感謝を申し上げます。

最後に、大好きな山田風太郎さんのこの言葉で本書を終わりたいと思います。

「人間はどこまでも希望を忘れない」

長尾和宏

２０１９年　平成最後の春に

＊本書は、夕刊フジに長尾和宏が毎週金曜日に連載中の「ニッポン臨終図巻」を基に、
加筆修正してまとめました。個人の肩書や年齢は、新聞掲載時のものです。

長尾和宏（ながお・かずひろ）

医学博士。医療法人社団裕和会理事長。長尾クリニック院長。一般社団法人 日本尊厳死協会副理事長・関西支部長。日本慢性期医療協会理事。日本ホスピス在宅ケア研究会理事。全国在宅療養支援診療所連絡会理事。一般社団法人 エンドオブライフ・ケア協会理事。一般社団法人 抗認知症薬の適量処方を実現する会代表理事。関西国際大学客員教授。2012年、『「平穏死」10の条件』がベストセラーに。近著に、『糖尿病と膵臓がん』『痛い在宅医』『男の孤独死』『痛くない死に方』『薬のやめどき』（すべて小社）、『病気の９割は歩くだけで治る！』（全２冊）（山と渓谷社）など。

まぐまぐ！有料メルマガ〈痛くない死に方〉も話題。
登録はこちらから　→http://www.mag2.com/m/0001679615.html

平成臨終図巻

2019年4月25日　初版第一刷発行

著　者　長尾和宏

ブックデザイン　秋吉あきら
イラスト・編集協力　黒澤麻子
編　集　小宮亜里

発行者　田中幹男
発行所　株式会社ブックマン社
〒101-0065　千代田区西神田3-3-5
TEL 03-3237-7777　FAX 03-5226-9599
http://www.bookman.co.jp

ISBN 978-4-89308-917-5
印刷・製本　凸版印刷株式会社